感動の温泉宿100

石井宏子

文春新書

1189

はしがき

旅は人生のご褒美だ。
温泉に入れるのは地球に生きているご褒美であり、旅ごはんはこの世に生まれたご褒美だ。わざわざ旅に出かけないと出会えない幸せがたくさんある。旅に行かなくても生きてはいけるかもしれないが、その時、そこにしかない「ご褒美」をもらわずに生きていくなんて、もったいない。

わたしは宿に泊まる旅が好きだ。毎日毎日、洗い立てのシャツみたいに、ぱきっとすべてを整えてゲストを迎える「宿」という場が好きなのだ。

四季のある日本に生まれ、季節の訪れに心奪われ、その移ろいに涙する。土地それぞれに文化があり、宿それぞれに個性がある。

旅人の人生になって13年がたつ。毎年200日以上旅にでかけ、一年の半分は宿で眠る。旅行作家として旅の記事を書き、また、旅に出る。そんな日々を過ごしながら出会った感動の温泉宿について、思い浮かぶままに書いた。

浸《つ》かった湯のぬくもり、感触、香り。風に揺れる葉っぱの音。大の字になって寝転んだ畳の気持ちよさ。見えた空の色。ほおばった料理の味わい。ご主人や女将《おかみ》さん、スタッフや仲居さんの笑顔が思い浮かぶ。

どの宿にもおもしろさがあり、100軒選ぶことなどできないと思った。しかし、とにかく「100軒の宿の旅」を全力疾走で書いた。ふりかえると、あの宿も書きたかった、この宿のことも言いたいと、思いはつきない。

この本は、どうか旅する気分で読んでいただきたい。ガイドブックのように、すべての情報を親切に網羅したものではないが、石井宏子という旅人のひとコマを垣間見て、なんだか、旅に出たくなったなあと思ってもらえたら幸せだ。

こんな宿があるとは知らなかったとか。この宿には泊まったことがあったが、これは気が付かなかった、また行きたいとか。へー、こんな温泉があるのかとか。日本の温泉旅は面白いとか。そんな風に少しでも何かを感じてもらえたならば本望である。

「よく来たね」と迎えてくれる人がいる。今日もまた、感動の温泉宿に出会うために、旅にでかけようと思う。

石井　宏子

2018年10月

感動の温泉宿100◉目次

（温泉用語解説）

●**泉　質**：温泉水1kg中に含まれる溶存物質量によって以下の10種類に分類される。単純温泉・塩化物泉・炭酸水素塩泉・硫酸塩泉・二酸化炭素泉・含鉄泉・酸性泉・含よう素泉・硫黄泉・放射能泉。適応症などの詳細については環境省のウェブサイト「温泉の保護と利用」を参照。
https://www.env.go.jp/nature/onsen/

●**源泉かけ流し**：加温はあっても加水することなく源泉を給湯、利用している浴槽。源泉が高温の場合は加水ではなく、熱交換などの方法で適温にして給湯しているなど、浴槽に給湯された湯を再利用・循環利用せずに放流している状態。

●**かけ流し**：適温にするために、加水または加温しながら新湯を給湯している浴槽。一度浴槽に給湯された湯の循環利用はせずに放流している状態。

●**循環利用**：湯量や浴槽の温度を適温に保つために、一度浴槽に給湯された湯を循環しながら利用している状態。厳密に、「浴槽加温循環」、「浴槽加温・濾過・殺菌循環」、「加温・濾過・殺菌循環」などがあるが、宿からの特別な付言がない限りは、一括して「循環利用」とした。

●**p《ペー》H《ハー》**：酸性・中性・アルカリ性を表わす水素イオン濃度指数で、温泉の場合、7・5以上はアルカリ性、6未満は酸性、6〜7・5未満は中性である。

温泉宿地図　【地図A】

北海道

71 滝乃家
75 温泉旅館 銀婚湯
84 川島旅館
85 坐忘林

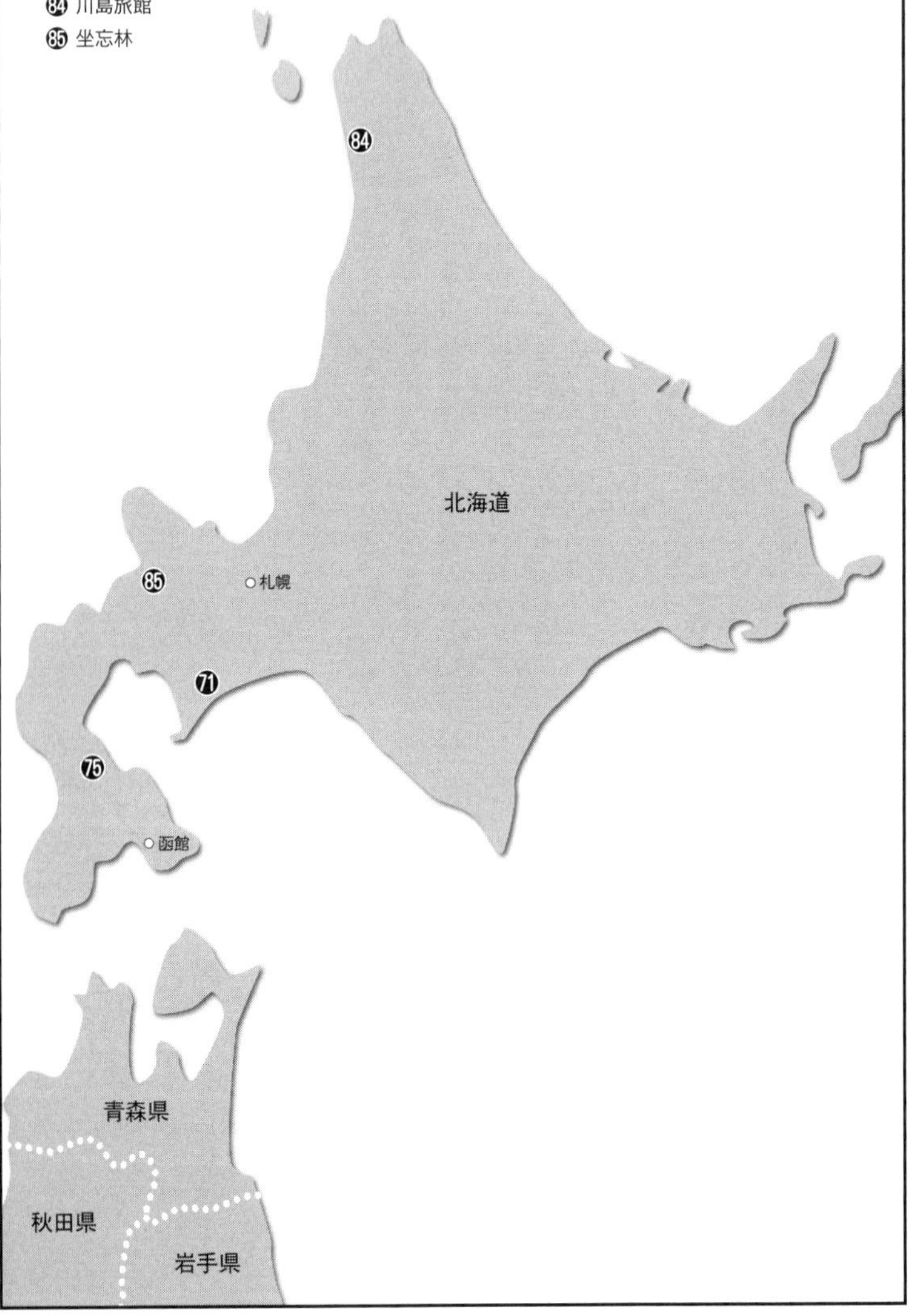

【地図B】
青森県
❸ 黄金崎不老ふ死温泉
51 蔦温泉旅館
57 酸ヶ湯
91 縄文人の宿
98 ランプの宿青荷温泉
秋田県
❻ 栗駒山荘
49 鶴の湯温泉
66 妙乃湯
68 蟹場温泉
72 都わすれ
岩手県
33 山人―yamado―
78 元湯夏油
山形県
47 名月荘
70 変若水の湯 つたや
81 丸屋旅館
宮城県
❼ 南三陸ホテル観洋
28 温泉山荘だいこんの花
63 山ふところの宿みやま
83 百年ゆ宿 旅館大沼
新潟県
❶ 赤倉観光ホテル
59 宝巌堂
61 風雅の宿 長生館
65 貝掛温泉
96 里山十帖
福島県
20 おとぎの宿 米屋
40 向瀧
53 大丸あすなろ荘
58 旅館大黒屋
88 ホテリ・アアルト
栃木県
16 ONSEN RYOKAN 山喜
67 加仁湯
93 大丸温泉旅館
青森県
青森
秋田県
秋田
盛岡
岩手県
山形県
山形
宮城県
仙台
新潟
新潟県
福島
福島県
群馬県
栃木県
宇都宮
埼玉県
茨城県
山梨県

【地図C】

神奈川県

13 箱根の名湯 松坂屋本店

21 箱根吟遊

27 ハイアット リージェンシー 箱根 リゾート&スパ

45 国民宿舎 箱根太陽山荘

80 養生館はるのひかり

95 箱根本箱

97 強羅花扇 円かの杜

山梨県

12 白根館

静岡県

4 ホテルニューさがみや

15 山芳園

24 望水

31 あさば

36 アルカナ イズ

92 東府や Resort & Spa-Izu

群馬県

18 四万やまぐち館

26 別邸 仙寿庵

50 法師温泉 長寿館

長野県

2 ランプの宿 高峰温泉

11 小梨の湯 笹屋

17 村のホテル 住吉屋

35 明神館

38 三水館

43 よろづや

44 旅館 花屋

73 中房温泉

94 花仙庵 岩の湯

富山県

23 リバーリトリート雅樂倶

99 大牧温泉 観光旅館

岐阜県

41 湯元 長座

62 湯元 すぎ嶋

64 山里のいおり 草円

69 野の花山荘

76 槍見の湯 槍見館

石川県

25 べにや無何有

30 あらや滔々庵

42 かよう亭

【地図D】

福井県
㉙ 望洋楼

奈良県
⑩ 湯元 宝の家

兵庫県
㊲ 陶泉 御所坊

鳥取県
54 旅館 大橋
56 岩井屋

岡山県
52 名泉鍵湯 奥津荘

島根県
48 さぎの湯荘

徳島県
60 ホテル祖谷温泉

高知県
90 オーベルジュ土佐山

【地図E】

広島県
㊴ 岩惣

山口県
㉒ 別邸 音信
㉜ 松田屋ホテル

愛媛県
❾ オーベルジュ内子
87 瀬戸内リトリート 青凪

佐賀県
❽ 風の森

鹿児島県
⓮ 妙見石原荘
㊻ 忘れの里 雅叙苑

大分県
⓳ 大丸旅館
㉞ 由布院 玉の湯
55 旅館 福元屋
79 サリーガーデンの宿 湯治柳屋
82 束ノ間
86 レゾネイトクラブくじゅう
100 寒の地獄旅館

熊本県
❺ 石山離宮 五足のくつ
74 旅館 山河
77 旅館 藤もと
89 旅館 心乃間間

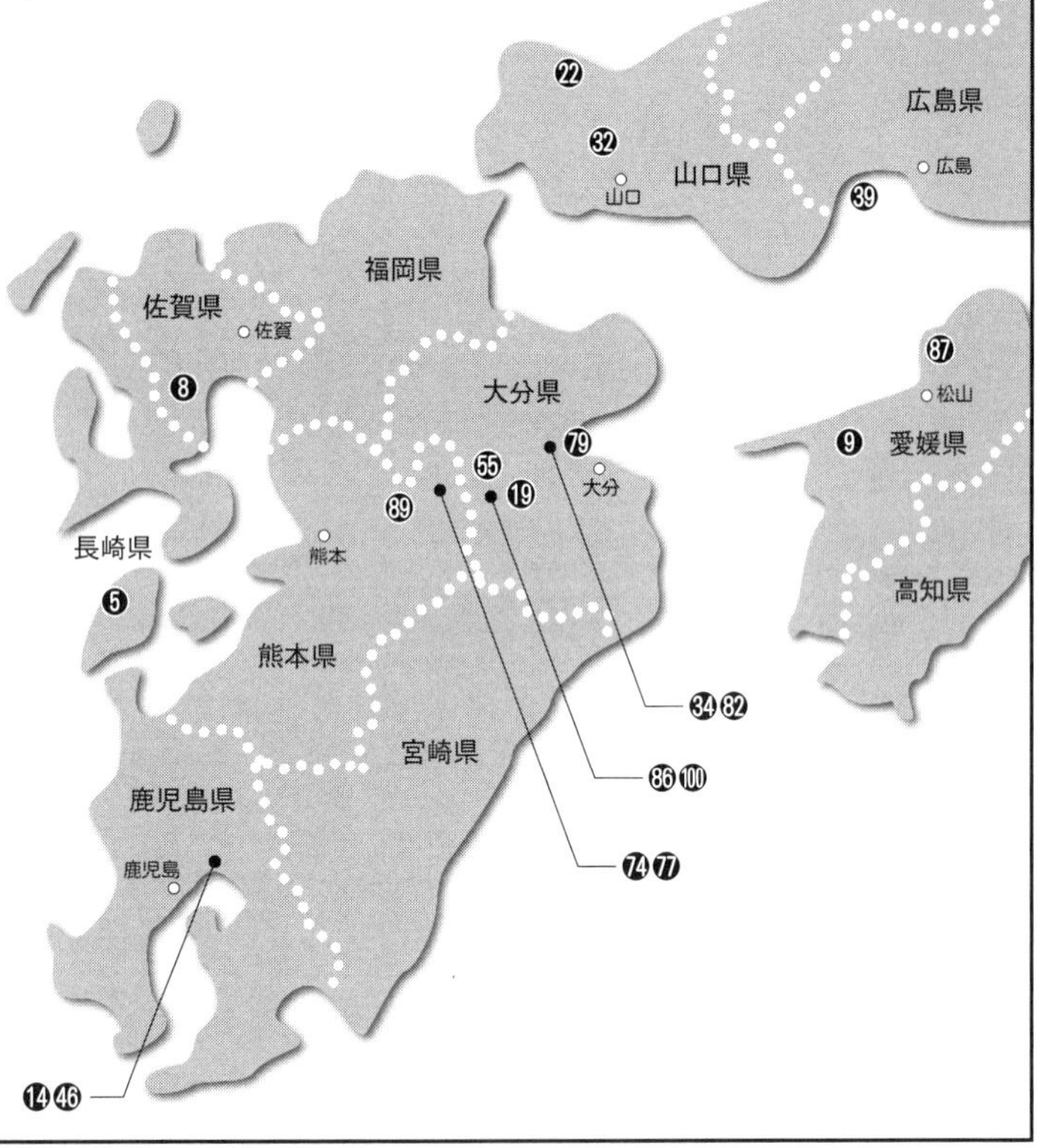

【第1章】 絶景に出会える宿10軒

1．赤倉観光ホテル（新潟県・妙高《みょうこう》赤倉温泉）――何度でも見たくなる雲海とご来光

ここに泊まった時は、朝早く目覚ましをかける。それは宿でいちばんの瞬間に出会うためだ。創業は昭和12（1937）年、標高1000mの妙高山の中腹に高原リゾートホテルが誕生した。創業者の大倉喜七郎氏（大倉財閥2代目総帥）はこの場所から眺める絶景に惚れ込んだという。

正面には斑尾《まだらお》山を中心に連なる山々、右手には神秘的な野尻湖や黒姫山、左は遥か遠くの佐渡島まで見渡せる。その眺めをゲストがいつでも独り占めできるようにと、視界に入る範囲の土地をすべて買い取った。だからこそ手に入る開放感は、まさにこの宿に泊まらないと味わえない絶景なのである。

目覚ましの時間は、日の出より15分くらい前がいい。起きたらすぐにカーテンを開けてテラスへ向かう。もう空が茜色《あかねいろ》に変わり始めていた。「やったー！」。今日こそご来光を拝めそうだ。昨日の雨でしっとりと潤った森が目覚め始めている。空が次第に明るくなってくると、雲海が浮かび上がってきた。さあ、いまだ。源泉をたたえた天空の露天風呂へ、どぼん。これ、これ。

これがやりたかったのである。

朝、茜色に染まる空と雲海を見下ろして、源泉かけ流しの温泉に浸《つ》かり、遮《さえぎ》るものがない絶景を独り占めしてご来光を待つ。この瞬間に出会うためにここへ通うようになった。

「一度は眺めてみたい」とやってきたが、ひとたび感動を味わってしまうと、「もう一度見たい」と思ってしまう。こうして大倉喜七郎さんの〝策略〟にまんまとはまったことを幸せに感じ、その意図を見事に引き継いで、素晴らしい露天風呂があるスパ＆スイート棟を新設してくれた現在の「赤倉観光ホテル」に感謝したいと思う。

露天風呂付客室から眺める見事なご来光

温泉は館内すべて源泉かけ流し。カルシウム・ナトリウム・マグネシウム―硫酸塩・炭酸水素塩泉。微細な湯の花がふわふわと舞い、ほんのりと硫黄《いおう》が香る。ミネラルバランスが絶妙で、肌をなめらかに整え、しっとり潤わせてくれる、至れり尽くせり系美肌温泉だ。

もちろん、この絶景は男女別の大浴場の露天風呂でも楽しめるし、スパ＆スイート棟の最上階にあるアクアテラスのソファーから寛《くつろ》ぎながら眺めることもできる。しかし、湯船で温泉に浸かりながら天空に浮かぶような気分を味わいたいなら、断然、スパ＆スイート棟かプレミアム棟にあるマイ露天風呂付きのテラスルームの部屋がおすすめだ。

露天温泉があるテラスには柵とか囲いとかいうものが一切ない。その代わりを果たしているのが水盤《すいばん》である。豊富な山の湧水を使って水盤を外部との仕切りにしている。テラスのウッドデッキと外の境に2ｍほどの水をたたえた幅があるために、外から侵入することができないようになっているのだ。この設計により、視線を遮《さえぎ》るものが一切ない開放感が実現した。しかも、水盤はインフィニティになっているから鏡のように空や景色を映し出し、浴槽からの目線には、そのまま天空へと繋《つな》がっているように見える。ブラボー！　と拍手したくなるデザインだ。

この宿へくるといつも、1泊では足りないなあと思う。理由のひとつは食事だ。やはり1泊目はメインダイニングルーム「ソルビエ」で正統派フレンチを優雅にいただきたい。銀食器はピカピカに磨き上げられていて、照明が灯《とも》ると雪の結晶が浮かび上がる。クラシックホテルの心意気溢れるディナーが味わえる。

そして2泊目は富寿し「蔵」へ。妙高高原は佐渡島まで見渡せるほど日本海も近い。6席しかない寿司カウンターで日本海の魚を楽しめる。

もうひとつの理由は極上のスパにある。その名もヘブンリービュー アース スパ バイ エレメンタルハーボロジー。スパルームからの眺めは、もちろん絶景だ。地平線が見渡せる場所で受けるスパトリートメントは至福を与えてくれる。わたしのお気に入りはアースバランシングボディ90分。東洋医学の五行説から発想したエネルギー「氣」のバランスを整えるゆっくりとしたロング・ストロークの手法が素晴らしい。1泊だとスパに2時間近く費やすのは忙しく感じるので、やっぱり2泊してゆとりの時間に受けたいと思ってしまうのである。

2. ランプの宿　高峰《たかみね》温泉（長野県・高峰温泉）——手作りで完成させた雲上の野天風呂

「この場所で温泉に入れたら、どんなに気持ちがいいだろう。そうだ。ここに野天風呂を作ろう」

宿のご主人・後藤英男さんがコツコツと手作りで完成させた「雲上の野天風呂」は、雲より高い場所から絶景を見下ろす名物温泉になった。木立に隠れた場所に男女別にあるので好きな時にふらりと入れるのがうれしい。

標高2000mから見下ろすと、彼方に空に浮かぶように連なる山々は日本アルプス。湯船の中は深めで手前がベンチのようになっている。硫黄が香る湯の中に腰かけて景色を眺めたり、深い湯船に首まですっぽり浸かって温まったり、澄み渡る山の空気に包み込んで夢心地にさせてくれる温泉だ。

標高 2000m の野天風呂からは圧巻の眺望

絶景野天風呂はもちろん必ず入りたいのだが、実は、わたしの愛してやまない温泉は内湯にもある。２カ所ある内湯には、それぞれ温度の異なる湯船が２つずつ。これには理由があって、そこがまた魅力でもある。

特に気に入っているのは１階にある「ランプの湯」だ。高峰温泉の自家源泉は、宿から１㎞ほど下の標高１７００ｍのあたりにあり、宿まで引湯《ひきゆ》している。源泉温度は36℃。宿の主人はそれが魅力として、小さい湯船にはそのまま注ぎ、体温に近い「ぬる湯」になっているのだ。これが、たまらなく気持ちいい。

隣の大きな湯船には加温したあたたかい温泉が注がれているので、あつ湯とぬる湯を行ったり来たり。温度の異なる浴槽で温冷交互《おんれいこうご》浴《よく》をすることで疲労回復や自律神経を整えることができるから、夜はぐっすり眠れる。

泉質は含硫黄―カルシウム・ナトリウム・マグネシウム―炭酸水素塩泉。硫黄の働きで血行を促進し肌がツヤツヤになる温泉だ。温泉は飲泉場で飲むこともできる。渋めの昆布茶《こぶちゃ》のような味で、胃腸の活性化につながる。

夕食を食べていたら、宿のスタッフが何か叫んでいる。「まもなく人工衛星が通過しますよ」。

なんですって？ 人工衛星は肉眼で見えるものなの？ 食事処の電気が消され、みんなで窓辺に張り付いた。すると、目の前をすーっと光る人工衛星が通過していく。ほんとだ。本当に見えた。なんだか泣きそうになってしまった。こんな人生で初めてかもしれない出来事も高峰温泉では日常茶飯事。雲上の温泉宿はすごいのだ。

宿主催の体験アクティビティに豊富なプログラムがあるのもうれしい。一番人気の夜の星の観望会は、大型の天体双眼鏡などを使って玄関前で行われる。標高2000mから眺める満天の星は、数が多すぎて星座がわからなくなるほどだ。

宿のネイチャースタッフがガイドしてくれる自然観察会は、山歩きはちょっと、という人でも気軽に楽しめる。朝食後に出発して12時には宿へ戻ってくる。近くの池《いけ》の平《たいら》湿原を中心に初心者でも歩ける優しいコース。その季節でいちばん美しい場所へ案内してくれる。歩きやすい靴と服装なら大丈夫だが、宿でウエアも借りられるので安心だ。

そういえば、冬の「高峰温泉」は宿に到着する前から冬ならではのアトラクションがある。宿専用の雪上車で麓《ふもと》のスキー場から宿まで登っていくのだ。雪のない季節は宿の前まで車で行けるが、道は冬季には閉鎖となるので下の駐車場まで宿の雪上車が迎えに来てくれる。

3. 黄金崎《こがねざき》不老ふ死温泉（青森県・黄金崎温泉）——日本海に沈む夕日を眺めるために

ざっぱーん。ざっぱーん。波しぶきがかかりそうなほど海が近い。近いというよりも、この温泉はすっぽりと大海原の中にある。

「黄金崎不老ふ死温泉」の名物温泉は「海辺の露天風呂」である。宿からエレベーターで海岸まで降りることおよそ20m、磯の中に一筋にのびる道を歩いて露天風呂へ向かう。この道のりがスリル満点。風が吹こうが、雪が降ろうが、灼熱の太陽が照らそうが、一年三百六十五日、露天風呂に入るためにはこの道を浴衣で歩いていかねばならない。わくわく、ドキドキ、時には決死の覚悟で道を進む。アドベンチャーな感じがたまらなく楽しいのだ。

2回目に宿に泊まった時は、低気圧が通過中で、時折強風が吹き雨まで降っていた。なんとか、海辺の露天風呂に入りたいなあと、雨の止み間をうかがう。すると雲の切れ目から奇跡のように陽の光が差してきた。「今だ！」。風は強いが雨が止んでいる今がチャンスとばかりに海辺の露天風呂へと駆け込む。「わあ、誰もいない。独泉《どくせん》だ」（ちなみに温泉好きの間では、大浴場に誰もいなくて独り占め出来た時のことを「独泉」と称する）。

束の間の晴れ間に絶景温泉を楽しみ、浴衣を羽織っていると、バタバタバタ、バタバタバタバタ。

なんと、大粒のヒョウが降ってきた。大自然は時に苛酷。でも、それがまた、醍醐《だいご》味《み》でもある。

この露天風呂を目指して旅する理由は、そこから日本海に沈む夕日を眺めることにある。わたしは、3回目の挑戦で絶景に出会うことができた。左が混浴、右が女性専用と2つの露天風呂は岩に仕切られて並んでいる。湯船にすっぽりと浸かっていると海の中にぽつんといるような感覚になる。サンセットの時間には、海も空も雲も、そして、温泉も入っている人々も、すべてが黄《こ》金《がね》色《いろ》に包まれて、ほんとうにほんとうに美しい。

大海原はすぐそこという驚き。著者の独泉！

赤茶色の温泉は、とても成分が濃厚だ。泉質は含鉄―ナトリウム・マグネシウム―塩化物強塩泉。塩分が大変濃く、鉄分もたっぷり。炭酸ガスも豊富で、入るとすぐに血の巡りが良くなり、ジンジンと温まって汗が噴き出してくる。

そもそも宿に向う行程が素晴らしい。

不老ふ死温泉へ行く時は五能線《ごのうせん》に乗る。その時の旅の気分で新青森駅か弘前駅から「リゾートしらかみ」に乗車。津軽弁の語り部のお話や、津軽三味線のライブで盛り上がり、鰺ヶ《あじが》沢《さわ》が近づくと列車は海を正面にして走る。海岸線にぶつかるとグイッとカーブして、ここからは海沿いの線路を進む絶景ルートだ。

4月末から12月初旬ごろまでは千畳敷《せんじょうじき》駅で15分ほど停車し、列車を下りて奇岩奇石がごろごろとした海岸段丘を散歩できる。さらに列車は西へと進み、ちょこんと飛び出た小さな半島をぐるりとまわってウェスパ椿山《つばきやま》駅に到着。宿の送迎バスが出迎えてくれる。

4. ホテルニューさがみや（静岡県・熱海伊豆山温泉）――銀色の月の道は奇跡の瞬間

旅をしていると、忘れられない光景に出会うことがある。それは偶然の賜物だったりするのだが、神様が降りてきたというか、人生のご褒美というか、まさに奇跡の瞬間だと思う。そんな絶景に出会ったのは、まだわたしが旅人人生を送るようになるずっと前のことだ。

先祖代々東京生まれの我が家では、ちょっと骨休めに、などと言ってでかけるのは熱海や伊東、箱根や塩原など近隣の温泉地と決まっていた。「ホテルニューさがみや」は海を眺めるのが大好きだった母のお気に入り。部屋の広縁《ひろえん》に腰かけて、ただただ海を眺めていた。屋上には相模灘《さがみなだ》を一望する男女別展望露天風呂。並びには3つの貸切露天風呂があり、空いていれば何度でも無料で利用できる。オーシャンビュー温泉で、潮騒《しおさい》の音を聴きながら、穏やかな伊豆山の海を眺めて和み、また部屋に戻って海を眺める。

熱海伊豆山温泉は、熱海駅から湯河原方面へ向かう入り江にある温泉で、熱海温泉の歴史に欠かせない「走り湯」源泉がある場所だ。今から1300年ほど前に発見され、道後《どうご》温泉、有馬温泉と並ぶ日本三大古泉と呼ばれている。走り湯源泉はこの宿の横にある。洞窟の奥から滔々《とうとう》と流れる横穴式源泉は、洞窟の中から走り出すように湯が勢いよく流れている。温泉の蒸気がもうもうと立ち込めて地球の偉大なパワーを感じさせる。

ここから伊豆山神社の参道が始まり、歴代の武将たち、そして政財界人や文人などが「勝運」にあずかるために伊豆山温泉に逗留している。

露天風呂付特別室から見る日の出

泉質はナトリウム・カルシウム―塩化物・硫酸塩泉、珍しい弱酸性の温泉である。ほぼ透明な温泉だが、鉄分を少し含んでいるので赤茶色の薄濁りになることもある。塩の成分が肌の上に塩被膜を作って保温・保湿するので、ぽかぽかと温まり、しっとりと潤いが持続する。

丁寧に造られた懐石料理は季節を感じさせるもので、その盛り付けに心が弾む。お刺身を堪能した後は、お待ちかねの鮑《あわび》踊り焼き。程よく火が通った絶妙のタイミングで仲居さんが貝から身をはずし、食べやすい大きさにカットして目の前の皿にのせてくれる。これが見事な早業で毎度拍手喝采してしまうのだ。

忘れられない光景は夜に訪れた。水平線から大きな月が昇ってきた。驚くほどまばゆく海を照らし、漆黒《しっこく》の海がキラキラと銀色に輝き始める。やがて、海にくっきりと銀色の道が現れた。後で知ったのだが、これは「ムーンロード」(月の道)と呼ばれる現象なのだそうだ。キラキラと揺らめき輝きを放つ月の道。その一筋の光の道はどんどん伸びてきて、ついに部屋の中まで入ってきた。「このまま、月まで歩いて行けそう」。本気でそう思った。

次の朝、わたしたち家族は大興奮で宿の人を捕まえては月の道の話をたたみかけた。仲居さんに、マネージャーに、支配人に、フロント係に……。

伊豆山温泉は、海の日の出の美しさが名物だった。朝、美しい日の出が見られそうな時だけ、部屋に電話をして知らせてくれる「日の出コール」がある。もちろん、海から昇る日の出も素晴らしく感動的で毎度楽しみにしている。そして、「月の道」の大興奮体験の後、ニューさがみやのポスターは二枚看板になった。黄金色に輝く日の出の海。そして、銀色に煌《きら》めく月の道。

5. 石山離宮《いしやまりきゅう》　五足のくつ（熊本県・天草下田《あまくさしもだ》温泉）――どこにもない石山の上のヴィラ

日本にはいくつもの海があるが、この宿から眺められるのは東シナ海。吸い込まれそうな深いブルーの海に一目で魅了された。

天草は特別な場所だ。「地球儀でね、天草を見てみたんですよ。そしたら、アジアの真ん中にある。ほら、見て」とオーナーの山﨑博文さん。宿を作る構想を練っていた時に、日本の端っこにある天草でどんな宿にすればいいのか。どうすれば天草を楽しんでもらえるのか。ふと、部屋にあった地球儀を眺めてみたら、天草がどうして特別な場所なのかが浮かび上がってきたというのだ。

デッキの露天。眼下には東シナ海が見える

西洋と日本が出会った場所。アジアの真ん中。静かな日本の漁村に美しい教会。懐かしい日本のような、アジアのリゾートのような、どこにもない、どこでもない。こうして、この宿が出来た。

部屋は15室で全室に専用の温泉があり、雰囲気の異なる3つのゾーンがある。ヴィラAは古き良き天草をイメージしている。集落の住人になったような気になる一軒家で、六角屋根のリビングに真っ赤なクッション、丸窓のある座敷など、エキゾチックな天草の空気感を楽しめる。ヴィラBはメゾネットタイプで別荘気分が味わえる。ヴィラCはさらに山の上で、下界と離れた非日常の世界観だ。アジアンリゾートのようでもあり、教会のようでもある。キングサイズベッドが2つ、デッキにある大きな石造りの露天風呂から眺めれば東シナ海は独り占めだ。

700年の歴史がある天草下田温泉はとろけるような感触にうっとりする、ナトリウム―炭酸水素塩泉。肌の古い角質を落としてすべすべにする美肌湯である。

サンセットともなると、ブルー、オレンジ、パープルと、鮮やかな無数の色彩が織りなす。太陽は驚くほど大きな濃いオレンジ色だ。天草の魔法にかかるドラマティックな時間を、今日はどこで過ごそうかと思いを巡らす。バーでシャンパンを注文して海を見渡すテラスで眺めようか。それとも、部屋のデッキにある温泉に入って野趣あふれる木々の間からのぞき窓のように見える夕日を探そうか。いや、今日は思い切って海の近くまで降りてみよう。

「石山離宮　五足のくつ」は海を見下ろす石山の上にヴィラが点在している。細く急な坂道は旋回しながら降りないと転げ落ちそうだ。てくてくと歩いて道路を渡り鬼海ヶ浦《きかいがうら》展望所へ到着する。ごつごつとした岩の断崖と、なめらかな海のコントラスト、目の高さに水平線が広がる。地球が丸いとわかるほどの水平線を茜色に染めて、刻一刻とその瞬間が迫る。あんなに大きかった太陽が、線香花火のように小さな光の玉になって、ジュッと音をたてて海の彼方へ消えていった。

「さあ。戻ってディナーにしましょうか」。名残惜しい思いを振り切って宿へ戻る坂道を登り始めた瞬間に、ぱーっと空中がピンク色に輝いた。サンセットは沈んでからも美しい。

天草は食料自給率が大変高い。太陽いっぱいの気候と潮風にのってやってくる海のミネラル、豊かな大地で米も野菜も果物もすくすく育つ。海の幸は大きくて味わいは濃厚で、天草黒牛や天草大王という名物地鶏が育つ。

宿のレストランにはグレゴリオ聖歌が流れ、教会のような雰囲気だ。春は紫ウニ、夏は赤ウニと、とろける生ウニまつりの季節もいいし、8月の終わりには伊勢海老漁が解禁され、秋から冬にかけてはぷっくりと大きな鮑。ヴィラCのレストランのフィナーレは名物の天草大王石焼き蒸し鍋だ。鍋の真ん中に置かれた熱々の溶岩石で天草大王を焼き、かつおだしスープを一気にかけて蒸し焼きにする大迫力の料理ショーである。天草大王は体長90㎝にもなる日本最大級の地鶏で、弾力のある歯ごたえとあふれる肉汁がたまらなく美味しい。

さらに、贅沢をしたい時には、別注の隠れメニューがある。天草大王の旨みがたっぷり溶け込んだこの鍋のスープで楽しむ「鮑のしゃぶしゃぶ」。大丈夫。ここはどこにもない土地・天草なので、こんな贅沢をしても許されるのだ。

6．栗駒山荘《くりこま》（秋田県・須川温泉《すかわ》）——鳥海山《ちょうかいさん》を望む壮大な風景を求めて

朝から雨が降っていた。でも、通り雨という感じ。出発前にもう一度温泉に入りたいと思っていたので、祈るように雨が止むのを待っていた。朝8時から9時までは清掃の時間、チェックアウトの10時までに露天風呂に入りたいと考えていた。「雨、止んできた。青空が出てきたよ」。いそいそと支度をして露天風呂へ向かう。「わー」。「きゃー」。言葉にならずに目を潤ませている人もいる。湯口のすぐ後ろに、くっきりと虹がかかっている。手をのばせば摑《つか》めそうなくらい近い。

鳥海山を眺める壮大な風景の露天風呂「仙人の湯」を目指して多くの旅人がやってくる「栗駒山荘」。客室は24室で、夏や秋の人気シーズンの予約は決められた期間に往復ハガキでの申し込みのみ。予約が集中した日は抽選となり後日回答がくる。つまりこの宿は最高の季節には、予約合戦を勝ち抜いたゲストだけが泊まれるユートピア温泉宿なのだ。

栗駒山は岩手、秋田、宮城と3県にまたがっている。栗駒山荘が立つのは秋田県だが、歩いてすぐの隣の宿は岩手県、須川温泉の源泉が湧出《ゆうしゅつ》する場所も岩手県である。

この源泉が只者ではない。なにせ湧出する場所の標高は１１２６m、そう、イイフロ。そこ

から毎分6000ℓという膨大な湯量で自噴し、硫黄の香りがぷんぷんするエメラルド色の湯の川となって流れているのだ。宿からも歩いて源泉探訪に行けるのでぜひ、そのすごさを実感してもらいたいと思う。

泉質は、酸性・含鉄（Ⅱ）・含硫黄―ナトリウム・カルシウム―塩化物・硫酸塩泉。pH《ペーハー》2・2（pHは目次末尾にある解説を参照）の酸性で成分総計が3140㎎／㎏。ぐっとくる濃厚温泉だ。源泉ではエメラルドグリーンだったが、栗駒山荘の露天風呂へ注がれると白濁した青色になる。旧泉質名では、明礬《みょうばん》泉、緑礬《りょくばん》泉と呼ばれ、殺菌力があり肌を活性化して整える。硫黄の働きと標高の高さによりダブルで血行を促進させるので、ほどほどの入浴と休息が大切。

圧倒的な大パノラマの露天風呂

栗駒山荘の展望大浴場は標高1100ｍで、露天風呂からの絶景は独特だ。栗駒山の裾野《すその》である須川高原のなだらかな斜面、その真ん中にカーブを描いてドライブウェイが伸びている。この道が遠近感を増幅させ壮大な広がりを感じさせる。正面に重なる山の稜線《りょうせん》の向こうには鳥海山――出羽富士《でわふじ》の美しい姿を望むことができる。

7．南三陸ホテル観洋《かんよう》（宮城県・南三陸温泉）――4つの大浴場と新鮮な魚介料理

部屋に入ると窓辺にカモメが2羽。太平洋の絶景と可愛いカモメのお出迎えに見とれて、しばしその場に座り込んでしまった。

南三陸町の志津川《しづがわ》湾は牡蠣《かき》の養殖が盛んだ。牡蠣イカダのある穏やかな海の風景からは、暮らしの営みや人の温もりが感じられる。南三陸の牡蠣は自然環境に配慮した持続可能な漁業に与えられる国際的なASC認証（養殖水産物に対するエコラベル）を日本で初めて取得した。過密だった量産の手法をやめて、牡蠣養殖のイカダを以前の3分の1まで減らし、海の環境に寄り添った養殖へと転換。1年で大きく育ち、甘味のある美味しい牡蠣が育つようになったそうだ。そうか、南三陸は牡蠣も美味しいのかなどと考えている場合ではない。さっそく温泉へ出かける支度をした。

宿には4つの大浴場がある。東館2階にある露天風呂は、海へと突き出た断崖にある。とにかく、とにかく絶景。女性の露天風呂は断崖をくりぬいた洞窟露天風呂だ。

「すごい……」。あまりの迫力に足がすくむ。手すりにつかまり、階段を下りて露天風呂へ。広くて深い温泉に浸かり景色へ目を移すと、高さがちょうど水平線だ。まさに、温泉アドベン

チャー。こんなに大きな海と空の中で温泉に入れる場所は他にないだろう。潮の香り、波の音、飛び交うカモメの声、温泉から見えるのは海と空とカモメだけ。

どーんと大きな露天風呂の奥に小さな橋を見つけた。おそるおそる渡ってみると奥にもうひとつ小さな露天風呂があった。こちらは少しぬるめになっていてのんびりできる。

泉質はナトリウム・カルシウム―塩化物泉。なんとかこの場所で温泉を楽しんでもらいたいと、地下２０００ｍまで掘削をすすめて温泉を得た。体の芯までぽかぽかして汗が噴き出してくる温まりの湯だ。

断崖をくりぬいて出来た洞窟露天風呂

食事だが、なんといってもこの宿は魚介料理がすごい。宿を経営しているのは三陸の魚を全国に出荷する阿部長商店で、毎日入荷する新鮮な魚介が次々と並ぶ。

冬が旬の牡蠣は殻ごと目の前で蒸し焼きにする。天然の海の塩味が牡蠣の旨味と甘味を引き出してとても美味しい。鮑は活きが良すぎて踊り焼きをする前に鉄板から逃げ出しそうな勢いだ。

三陸名物のタコはワカメと一緒にしゃぶしゃぶで。もう、おなかいっぱいと思っても、絶対にスルーできないものが最後に出てくる「南三陸キラキラいくら丼」。大粒のいくらをスプーンにてんこ盛りにして口へ運ぶ至福のご馳走だ。

8．風の森（佐賀県・奥武雄《おくたけお》温泉）――〝山ひとつが宿〟に点在する完全なプライベート空間

山を渡る風、森の木々をさわさわと揺らす風、ほほを撫《な》でる風が心地よい。この宿の温泉に入っていると、風の姿が見えるような気がする。山ひとつが宿。およそ５５００坪の山の森の中に一軒家スタイルの離れが点在している。山の入口のメイン棟でチェックインしたら、自分のコテージまでは専用のカートで竹林の小路を登っていくのだ。

客室棟は11あり、全てが２人用の離れで専用の温泉付きだから、自分だけの別荘のようにプライベートな時間を過ごせる。一軒一軒のインテリアはすべて異なり、２人用といってもスイートタイプとツインタイプがあるので友達同士や親子旅にも人気だ。各棟には広いデッキがあり、森や山の景色を楽しむプライベート温泉がある。

すっきりとした部屋は自然素材を使っていて、とても居心地がいい。この贅沢な空間に注がれている温泉は透明だ。ところが入ってビックリ、とろんとろんのこっくりとしたとろみがある。香りも色も強烈な主張があるわけではないので、この感触のギャップにとても驚いて思わ

ずにんまりとしてしまうほどだ。敷地に湧く自家源泉はナトリウム—炭酸水素塩泉。成分総計が３２３７㎎／㎏もあり、そのうちの95％が重曹成分（炭酸水素ナトリウム）という濃厚で純度の高いつるつる温泉、肌の古い角質を落としてなめらかに整える美肌の湯だ。

森の奥には大きな一軒家のバーラウンジがある。客室棟を出て、湯上がりにそこまで森を散歩。バーラウンジはゲストが自由に過ごせるセルフバーになっている。好きなドリンクを好きなグラスで飲み自己申告でチェック。緩やかな自由さが実はこの宿にリピーターが多い理由でもある。色々なデザインのチェアが程よい距離感で置かれているので、気に入った居場所を探して過ごすゆとりの時間は大人だけの楽しみだ。

すべての客室が２人用の温泉付離れ

夕食はメイン棟の個室で仕切られた食事処まで出向く。時間になるとカートでお迎えがやってくる。この宿にくると佐賀県は食材の宝庫だとしみじみ思う。玄界灘の荒波で育った魚、ミネラル豊富な有明海の魚介と異なる生態系の魚が味わえるのは、２つの場所を旅しているようで得した気分になるし、佐賀県産和牛ステーキの甘くてコクのある旨味が忘れられない。

9．オーベルジュ内子《うちこ》（愛媛県・大登《おおと》温泉）――温泉の中から夜桜見物する贅沢

これほど美しい夜桜を眺めたことがあるだろうか。温泉の中で夜桜見物、こんな贅沢がこの世にあったのだ。

静かに注がれる温泉の表面が湯鏡となり、春爛漫《らんまん》の夜桜が映っている。温泉の中へそっと滑り込むと、湯面が揺れてはらはらと散る桜吹雪のよう。温泉の中から眺める夜桜は、儚《はかな》くおぼろげで、幻想の世界へと誘われる。

シンプルなデザインに全面ガラスの窓で内湯と露天風呂が仕切られている。湯殿の造りが、絵画のように桜の情景を浮かび上がらせる。見えるのは青く暮れゆく黄昏の空と大木に満開の桜。もしかしたら、この桜を見せるために温泉を設計したのではないかと思ってしまう。

とろりとしたやわらかな肌触りの「オーベルジュ内子」の温泉はpH10・5と高いアルカリ性の温泉で、せっけんのように肌の汚れや古い角質を落として肌をすべすべにしてくれる。源泉は冷鉱泉で、湯口からは、そのままの冷たい状態の源泉をかけ流しにし、湯船の中で加温循環させるというこだわりの設計だ。

この温泉には日帰り温泉として入れる時間には地元内子町の人々もやってくる。地域と一体

になったプロジェクトとして開業したこの宿は地域のみんなにも愛されているのだ。「和ろうそくのお店には行ったかい？ 内子座は必見だよ」。日中の花見温泉は賑やかで楽しい。

温泉だけでなくレストラン、バーカウンターからも眺められるのは淡いピンクのソメイヨシノで、例年4月初旬に満開になる。その後は、レセプション棟から宿泊するヴィラへ向かう道に40種類もの八重桜が咲き、濃いピンク、白など華やかな色の競演は2週間以上続く。

湯に浸かりながら夜桜とは、極楽、極楽

宿の名物がもうひとつ。内子の和ろうそくの灯りが照らす、内子町の恵み尽くしのフレンチディナーだ。日が暮れてくると宿は幻想的な様相を呈し出す。レストランはキャンドルの灯りだけ。テーブルの中心には地元の鍛冶屋がつくる燭台《しょくだい》にのせた、内子の和ろうそくが灯る。テーブルの上のナプキンまでがろうそくの形をした、美しい晩餐が始まるのだ。

はじめに運ばれてきたのは、なんと燭台にのったアミューズと桜の花。伊予牛のチャイニーズバーガーは、とろとろに煮た肉の甘味がほろりと口の中に溶けて広がる。キュートな一品はフォアグラと「町並せんべい」のクリスピーサンドオレンジ風味。内子町の伝統銘菓「町並せんべい」にフォアグラを挟むとは……。サクッ、カリカリ、もっちりフォアグラとオレンジの香りがじわっと溶ける。うわー、やられた。これはいきなりワインが進む。内子町の先制攻撃に早くも大興奮。

カンパチのセビーチェに添えられているのは内子名産のもち麦。高たんぱく、高ミネラル、食物繊維たっぷりで注目の健康食材・もち麦は内子町のスーパースターだ。宇和島産のアラを内子のチーズ工房で作るトミーノチーズで焼いた魚料理は、濃厚なのにフレッシュ感のある熱々チーズと、ぷりっと弾力のあるアラの旨味が絶妙のコンビネーションを奏でる。

10. 湯元　宝の家《ほうや》（奈良県・吉野山温泉）——泊まってわかる吉野の桜の千変万化（2020年8月末閉業）

生涯で一度は眺めてみたいと賞される「吉野山の桜」。吉野山の桜は、様々な顔を持つ。ふもとから山の上まで下千本、中千本、上千本、奥千本と、1カ月くらいかけて咲いてゆく。みるみる花開いていく開花の時期の勢いが好きという人もいるし、満開を終えて桜吹雪が谷に舞う頃が何とも言えず風情があるという人もいる。吉野山の桜は日本の古来種・シロヤマザクラを中心に200種3万本。尾根から尾根、谷から谷と山を埋め尽くして咲く桜、桜、桜。一目千本と称される所以《ゆえん》は、この桜の数と密集度だ。

吉野山には、ここに泊まって一晩を過ごしてみないとわからない魅力がある。なんというか、山に力があるというか、磁場が違うという感じがする。蔵王権現《ざおうごんげん》さまが鎮座する修行の山であるせいか、神秘的なパワーを感じてしまう。

奈良県・吉野山にも温泉宿がある。「湯元　宝の家」は、露天風呂から千本桜の吉野山が一望できる。この夢のような場所で温泉に入ってみたいと、半年以上前から宿の予約をした。

温泉は露天風呂に注がれている。その名も「阿《あ》の湯」と「吽《うん》の湯」。阿吽の呼吸の阿と吽だ。

見渡す限りの桜に絶句する

内湯から阿の湯へ出て、本当に口が「阿」のままになった。吉野山の千本桜が眼前にひろがっている。はるか遠くまで続く千本桜が儚げな雲のようにふわふわと見える。あまりの美しさに涙が出た。

吉野山には「泉湯谷《せんゆだに》」という場所があり、６５０年以上前に後醍醐《ごだいご》天皇（第96代、１２８８〜１３３９年）のために湯小屋を建てたという歴史ある温泉が、今もこんこんと湧き続けている。泉質は、含二酸化炭素―カルシウム・ナトリウム―炭酸水素塩泉。源泉温度が低いため、加温循環しているが、血行を促進して体の巡りを整える二酸化炭素ガスや、肌がすべすべになる炭酸水素ナトリウム、しっとり美肌をサポートするメタケイ酸（p.230を参照）を含有するやわらかな感触の温泉だ。

昼間は白くて淡い色だった桜の花が、日暮れとともにピンク色に変わってくっきりと浮き上がって見えてくる。驚くべき妖艶《ようえん》さだ。夕食が終わってもう一度温泉へ出かけたら、山の稜線が光っていた。何だろうとじっと見ていると、いきなり大きな月が昇り始めた。なんと、今宵《こよい》は満月だったのか。月明かりに照らされる吉野山の桜。刻々と変わりゆく桜の姿は、この宿に泊まらないと味わえない。

【第2章】 美肌の湯に浸る宿10軒

11. 小梨の湯　笹屋（長野県・白骨温泉《しらほね》）——ずっとこの湯に包まれていたい

「笹屋」の内湯は圧巻だ。お湯が塊《かたまり》になって盛り上がってくるかのように、たっぷりとかけ流しにされている。入ると、青白い温泉がスローモーションのように迫ってくる。そして木の湯船の縁《ふち》は、温泉の成分が幾重《いくえ》にも積み重なり白いオブジェみたいになっている。まるで芸術作品のようだ。これは温泉の石灰華《せっかいか》とよばれるもので、湯船が白い船になるから白船温泉、それが後に白い骨、白骨温泉という名前になったそうだ。

白骨温泉は敷地に源泉をもっている宿が多く、色や感触などが少しずつ違う。笹屋の温泉は、笹屋でしか入れない唯一無二のものだ。泉質は、含硫黄—カルシウム・マグネシウム—炭酸水素塩泉。カルシウムが多い炭酸水素塩泉が石灰華となって天然のアートを創り出す。

湯殿へ行くとツーンと硫黄の香り。硫黄は合計19・8㎎／㎏あり、血行を促進してめぐりをサポートしてくれる。肌に優しいpH6・7の中性で、入っていると湯が寄り添ってきて濃厚に感じるのだが、湯から上がってみるとさっぱりする独特の感触。肌がなめらかつるつるになる。32・5℃の源泉を加温して、湯船へとかけ流しているが、加水・循環はしていない。入る瞬間は、ちょっと、熱い？ ちょっと、強い？ と感じるが、いったん湯に入ってしまうと気持ち良すぎて出たくない。何度も何度も浸かりたい。いえ、できることなら、ずっとこの温泉に包まれていたい。そんな風に感じてしまうなんとも不思議な温泉だ。

　部屋は古民家を移築したもので趣がある。上品な和室のたたずまいに、どっしりとした太い梁《はり》。当時の女将・加藤二三子《ふみこ》さんが気に入って取り入れたという襖絵《ふすまえ》や、さりげなく飾られた季節の花。美意識が隅々まで感じられる宿だ。白骨温泉は標高1500mにあり、3月とはいえ春は浅く、白樺の森は雪に覆《おお》われていた。「まだ、お寒いですから浴衣はこたつの中で温めてあります」と、女将さん。いい宿だなあと、うれしくなった。

ガラス戸を開け放てば半露天になる

　山の中の宿だからと、夕食には海のものは一切使わないというこだわりがある。前菜には珍しい黄金のいくら。これは岩魚《いわな》の卵で、ぷちぷちとした食感が楽しい。信州サーモンのお刺身は、しっとりと旨味があって感激した。せっかくなのでと、松本の地酒「アルプス正宗《まさむね》」をお願いしたら、竹筒に入って出てきた。

　笹屋の名物料理のひとつが、自家製のそばがきである。これが、驚くほどふわふわしている。そばがきというと、もっちりしたイメージだが、これはもう、口に入れた瞬間にふわっと淡雪のように溶けていく感じ。そばの香りが広がって美味しい。ご主人が3年かけて熟成させた自家製味噌を使い3時間かけて作るという、名物の「岩魚の笹巻き」は骨までほろほろで、お酒のアテとしてもいいが、ごはんにも合う。

朝食も楽しみだ。温泉で炊いた温泉粥は、コクのある味わいで体の中からぽかぽかと温まってくる。そして、ご主人の熟成3年味噌はお味噌汁にも使われる。きのこや野菜もたっぷりの深い味わいの味噌汁は幸せの一杯だ。

12．白根館《しらねかん》（山梨県・奈良田温泉《ならだ》）——とろんとろんの驚きの連続の美肌湯（2020年3月から日帰り温泉のみの営業）

この宿に泊まると、とにかく翌朝の美肌っぷりが秀逸なのだ。内側から輝くような肌にウキウキした気分で帰れる。

奈良田温泉は「七不思議の湯」と呼ばれている。あらゆる病が癒えてくる、疲れがとれて元気になる、肌が美しくなる、お湯につければ衣類まできれいになってしまう——など不思議な効き目がたくさんあるからららしい。

今から1300年前に、奈良から女帝・孝謙《こうけん》天皇（第46代、718〜770年）が神のお告げの霊泉《れいせん》を求めてこの地で湯治をしたという伝説がある。集落の風景を奈良のそれと重ねて大変気に入り御殿を建てて逗留したという。確かに、この温泉に入った後の肌の輝きを体感すれば、そんな女帝の気持ちがよくわかる。

「白根館」の温泉は、驚きの連続だ。手を入れただけでわかる「とろんとろん」の感触。お湯に入るととろけてしまいそう。湯船にまっすぐに座っていられないほど、とぅるんとぅるんで、もう、笑ってしまう。

まっすぐ座っていられないほど

　源泉は宿のすぐ前にある。源泉温度は49・8℃、冬はそのままかけ流し、春夏秋は熱交換で温度調整し加水することなく利用する。とにかく一年中新鮮な源泉を100%で大量に注ぎ込む。そんな宿のこだわりのおかげで、いつ行っても、何度入っても、絶妙の温度で気持ちがいい極上温泉を生み出しているのだ。

　露天風呂は2カ所あって、木造りの露天風呂は、ちょっと深めの湯船。檜《ひのき》の丸太を枕にして首まで温泉につかり、体を浮かせて青空に流れる雲を眺めてのんびりするのが最高だ。もうひとつは石造りで、早川の渓流や対岸の山が見える開放感があるロケーション。夜は灯るランプが静寂の時間をかもし、星空をながめて頭の中を空っぽにできる。

内湯はぬる湯とあつ湯の2つの湯船に分かれているので、ぬるめの湯でぼーっと過ごし、熱めの湯でぐぐっと芯まで温まり、と交互に入ると自律神経が整えられるのでぐっすり眠れる。泉質は含硫黄―ナトリウム―塩化物泉、アルカリ性。白と黒の微細な湯の花がひらひらと舞う。硫黄の働きで血行が促進されて肌代謝も上がり、塩が被膜となって肌をベールのように覆い保温・保湿するから、湯上がりの肌はお手入れ要らず、肌の上を水滴が踊るほどの美肌に感激してしまうというわけだ。

この温泉は飲むこともできる。程よい硫黄の香りと塩加減が絶妙で、美味しい昆布茶のような味だ。飲泉のコツは、一度にたくさん飲まず、お猪口《ちょこ》1杯くらいをちびちびと噛《か》みしめるように飲むこと。内臓が活性化して温まってくる。

宿の料理もまた美肌をサポートし、元気にしてくれる源になっているようだ。秋が深まればジビエが美味しくなる季節の到来だ。宿のご主人の深沢守さんは山を守る猟友会のメンバーでもあり、山に入って自ら仕留める猪、鹿、熊などを、どう調理すれば美味しく食せるかを知り尽くしている。「牡丹《ぼたん》鍋」は、甘味とコクのある猪肉が美味。旨味の染み込んだ野菜もたっぷりと摂れる理想的な美肌食だ。鹿肉のつみれ汁や手作りこんにゃくなど山の幸もずらり。奈良田の郷土料理である揚げ蕎麦がきはとろんと口の中でとろける。

13. 箱根の名湯 松坂屋本店（神奈川県・箱根芦之湯《あしのゆ》温泉）──唯一無二のマルチビューティ温泉

創業３５０年余、江戸時代から続く老舗の温泉宿が、２０１７年3月にリニューアルオープンした。1年半も休業していた時には、唯一無二のこの温泉にもう入れないのだろうかと心配していたが、経営をバトンタッチして新生「松坂屋本店」として新たな歩みを始めることとなり、また、再訪がかなうことになった。

敷地に湧く源泉は毎分２００ℓ。宿泊者だけしか入れない箱根の中では貴重な自家源泉だ。湧出してすぐは無色透明だが、それがエメラルドグリーンになり、湯の花が出て、白濁していく。内湯や露天風呂で温泉に入れる客室もあるが、大浴場は内湯のみ。それぞれ湯船が2つに分かれていて、注ぎ方をかえることで、ぬるめ、あつめになっている。毎日完全にお湯を抜いて自家源泉１００％で新しく注ぎ込むため、立ち寄り入浴は受けていない。

浴室に入ると硫黄の香りが漂う。新しいお湯は、光を受けて青っぽく見える。まだそんなに白濁していないが、白くて大きめの湯の花がふわふわと漂っていていかにも気持ちがよさそうだ。1度目の入浴では少し硬く感じたお湯が、2度目には少しまろやかになっている。ゲストが入浴し空気にふれることで少しずつ熟成され、柔らかになって次第に白濁していくのだ。

お籠りができる「姫沙羅」の間の露天

泉質は、含硫黄—カルシウム・ナトリウム・マグネシウム—硫酸塩・炭酸水素塩泉。三大美人泉質と呼ばれる「硫黄泉」（血行促進）、「硫酸塩泉」（しっとり保湿）、「炭酸水素塩泉」（すべすべ美肌）の三大美肌要素がひとつの温泉に含まれているマルチビューティ温泉だ。

新しい松坂屋本店になって最も変わったのは、パブリックラウンジ。それまで利用されていなかった鶴鳴館《かくめいかん》を改装して、パブリックラウンジと部屋を増設したのである。湯上がりの宿泊客は、みなここに集っていた。フリードリンクになっていて、たくさんの種類のお茶やジュースが並ぶ。そして、なんと、生ビールのサーバーやハイボールなどのアルコールまで、すべて自由に楽しめる。レトロな雰囲気のサンルームや、シャンデリアや暖炉がしつらえられた一角のソファーなど、それぞれにお気に入りの場所を見つけて寛いでいる。

夕食は個室に仕切られた食事処で供されるが、箱根が温泉宿として賑わっていた文明開化の時代をイメージした「宿場会席」だ。竹の器に入った相模湾の魚介のお造りはトッピングが面白い。真鯛、イカ、紅鱒《べにます》、マグロなどを、湯葉、山菜、茗荷《みょうが》と一緒に楽しむ。メインは短角和牛八丁味噌の鍬焼《くわやき》。牛肉を味噌で食していた文明開化の時代をイメージした料理だ。

14．妙見《みょうけん》石原荘（鹿児島県・妙見温泉）――「生きた湯」を感じながら美肌湯巡り

この宿はなんといっても温泉がすごい。「温泉は生きもの」との考えをもとに、生きている地球から湧きたての新鮮な温泉を楽しむことを大切にして使い方に最大限の工夫を凝《こ》らしている。自然に湧き出る温泉を真空のような状態で熱交換して適温にし、そのまま空気に触れさせずに湯船へと注いでいるのだ。

宿の源泉は7本あるが、できるだけ鮮度のいい状態で大量に注ぎ込みたいという理由で、それぞれの源泉の近くに露天風呂や内湯を作った。必然的に、宿のゲストは点在する温泉を求めて敷地の中を歩かねばならなくなるのだが、渓流沿いの敷地は緑がいっぱいでちょうど気持ちのいい散歩になる。大浴場、渓流の露天風呂、貸切風呂が2つ、足湯、飲泉、部屋の温泉と、あちこち温泉巡りをする感じで楽しい。途中にある飲泉場には「薬湯」と書かれている。飲んでみるとシュワッと微炭酸。体の中へもミネラルの補給だ。

泉質はナトリウム・カルシウム・マグネシウム―炭酸水素塩泉。大地のミネラルを感じる温泉で、肌の古い角質を優しく落としてなめらかに整えてくれる美肌の湯。7本の源泉はそれぞ

れ５００～７００mg／kgほどの二酸化炭素ガスも含有しているために、湯口から注がれる湯をみるとプチプチと炭酸の泡がはじけている。炭酸ガスは血の巡りをよくしてくれるのですっきりする。

渓流へ飛び出すようにして造られた野天風呂「椋《むく》の木」は自然と一体化した気分になる。すがすがしい水音をききながら開放感たっぷりの温泉でリフレッシュできる。

個性的な空間の貸切風呂も魅力的だ。「睦実《むつみ》の湯」は、建築家・中村好文《よしふみ》氏の設計によるもの。秘密基地みたいな小屋の狭い通路を通って温泉が見えた時のサプライズ感がすごい。ダイナミックに渓流に突き出た丸い湯船は、貸切風呂として入るには贅沢に感じるほど大きい。なめらかな温泉とやさしい木の感触が心地よくて出たくない気分になる。

貸切風呂の「七実の湯」は湯口湯に泡が

「七実《ななみ》の湯」は光が差し込む時間帯がいい。湯口から大量に注がれる新鮮な源泉からプチプチとはじける炭酸の泡がきらきらと輝き、あたかも天女が舞い降りたような美しい光景になる。

〝ご褒美度〟をさらにあげるならば、モダン空間の「石蔵」に泊まりたい。米蔵だった石の蔵を移築して改装した建物に4室の客室があり、ベッドルームとリビングを擁する。すべて専用の露天風呂付きなのだが、ここに注がれている源泉は建物のすぐ下にあって、自噴する力だけで2階にある露天風呂まで上がっていって湯船に入るというのだから、驚きの源泉パワーだ。湯口を見るとぷちぷちはじける大量の泡粒。大地から湧き上がる新鮮な温泉を自分だけの湯船で独占できるのは最高の贅沢だ。じわじわと足先まで血が巡り、隅々まで温まってくる。

食事は1階の「レストラン石蔵」で供される。昔の看板や、古本、懐かしいガラス食器などで仕切られた楽しい個室空間でのんびり夕食を満喫できるのがいい。

料理はいつまでも記憶に残るほど美味しい。

わたしが旅した晩秋の時期の料理は、前菜は手編みの蔓籠《つるかご》に山里を想起させる品々が盛られて食べるのがもったいないくらい。濃厚なカキの柚子《ゆず》釜、贅沢な子持ちアユの甘露煮、脂ののったサバずし、もっちりとしたエビイモ、けしの実揚げなどが盛り沢山にのっている。日本で唯一作り手の個人名がついているブランド牛「のざき牛」のゴボウ鍋は上品なお出汁と春菊で味わう。薩摩の食材には特別に前割《まえわ》りした薩摩焼酎がぴったり合う。

15. 山芳園《さんぽうえん》（静岡県・桜田温泉）──源泉直結の究極に新鮮な温泉

源泉脈かけ流し──初めて聞く言葉だった。

「空気に触れさせない」「水を加えない」「圧力を抜かない」──温泉が劣化する3つの過程を経ずに地中から湧きたての温泉をそのまま湯船へ注ぐ方法はないものか。宿のご主人・吉田新司さんは、自ら考案して72℃以上ある源泉を冷却する装置を作った。

自噴する温泉が通るパイプをらせん状に巻き上げて、温泉を噴霧し、その蒸発潜熱でパイプの中の温泉が冷却され適温となることで、湯船に大量に注ぎ入れることができる。これによって、空気に触れさせず、加水せず、圧力も抜かないという、三拍子そろった生まれたての温泉を源泉脈から湯船まで直行させることができた。いわば、畑で土の中から取り出した瞬間に野菜を丸かじりしているような状態で温泉に入れるのだ。

泉質は、ナトリウム・カルシウム─硫酸塩泉で、pH8・6のアルカリ性。硫酸塩泉は水分を肌へと運ぶ化粧水のような温泉で、それが地中直結の状態なのだから新鮮の極みだ。新鮮な温泉は入るとぎゅっと包み込まれるような重みがある。やわらかなお湯から潤いがひたひたと入り込んでくるような感じがする。出た直後の肌のしっとり感がすごい。

10室ある客室のうち3室は温泉付き。男女別内湯は総檜風呂だが、源泉が空気に触れて劣化しないように湯船の中から注ぎ入れているのでお湯の密着感がすばらしい。ほかに女性用の洞窟風の岩風呂がある。さらには、浅い部分があって小さい子供も安心して入れる家族風呂もある。わたしの一番のお気に入りは広さ20畳の貸切大露天風呂だ。深さが60㎝から1ｍあり、容量はおよそ31ｔという贅沢過ぎる源泉かけ流し。深くて広いこの温泉を独占できるとはなんとも豪華だ。立って入る温泉は、ふわりふわりと浮遊感があり、無重力のように軽やかになってリラックスできる。

月夜の露天風呂は幻想的だ

　宿では、家族でアイガモ農法の無農薬米を栽培している。天日干しで仕上げるお米はそれだけでもごちそうである。山には果樹園があり、農薬を使わない柑橘を栽培し、伊豆名産のニューサマーオレンジなどをジュースやデザートにして出してくれる。

　食事は若旦那の吉田匡宏《まさひろ》さんが腕をふるう伊豆素材の体に優しい和食。分量がやや控えめなので、宿を予約する時には、ぜひ、オプションの「金目鯛の姿煮」を別注することもお忘れなく。こってりと飴色《あめいろ》に煮付けられた金目鯛とともに、ぜひアイガモ農法米の炊き立てごはんを味わってほしい。

16. ONSEN RYOKAN 山喜《やまき》（栃木県・板室《いたむろ》温泉）
――伝統入浴法「綱の湯」とこだわり寝具

天井から謎の白い綱が下がっている。スタイリッシュな雰囲気の大浴場にはちょっと違和感がある光景だ。綱の真下の部分の湯船は深くなっていて、両手で綱につかまり立って入る。ためしてみるとあら不思議、ふわふわと宙に浮くような浮遊感があってリラックスできる。絶妙な位置に結び目があり、そこにつかまると全身が伸びてストレッチされるようで気持ちがいい。肩甲骨周りの筋肉が緩み、肩や首のコリがすーっと楽になる。おもしろいし気持ちいいので、クセになって何度も入ってやってみた。

これは板室温泉の伝統入浴法で「綱の湯」という。湯治場として賑わう温泉小屋の梁から綱を垂らし、湯治客が綱を握って深い湯船に浸かると、関節痛に効くと評判になり、杖をついて湯治に来た人が、板室温泉神社に不要になった杖を奉納して帰っていったそうだ。

泉質はアルカリ性単純温泉。つるつるやわらか、ちょいぬるめ。何度入っても「あ〜〜、癒される」。湯上がりは肌がしっとりすべすべになって、触れるともちもちする。

そして、温泉に入るだけで板室温泉の三大祈願所巡りができる「お湯詣り」が人気だ。湯口にはご祈禱《きとう》を受けた御札が奉られていて、4月～6月は子宝祈願の木の俣地蔵、7月～9月は乳がん治癒予防祈願の籠岩《かごいわ》神社、10月～12月は神経痛・関節痛・健康祈願の板室温泉神社、そして、1月～3月は3枚の御札が湯口に並び三大祈願が一度にできてしまう。

この宿に泊まってあらためて「眠り」の大切さを知った。

湯治宿だった宿を引き継いだ山口忠孝さんは、日頃の喧騒《けんそう》から離れて心も体もゆっくり休むことをコンセプトに、宿をモダンな空間にリニューアルした。湯治の湯である板室温泉に浸かり、いいものを食べ、ぐっすりと眠り、元気になって帰ってほしいと、「眠り」にこだわり、なんと、寝具は日本の高級寝具メーカーと共同開発した代物なのだ。

中央左の綱につかまって入る

肌当たりが心地よいリネンと、しっかりと体を点で支えてくれる特別な無圧《むあつ》布団は、布団の真ん中も端っこもまったく同じ感触なのでどんなに寝返りしても体が痛くない。枕はたくさんの種類を実際に寝転んで試して選べる部屋が宿の一角にある。

畳に敷いたお布団でこんなにぐっすり眠れるのかと大感激した。本当に体が楽になって、実は、家に帰ってから自宅の寝具を同じシリーズに買い替えてしまったほどだ。

食事は山菜や那須高原の野菜など地元食材をふんだんに使っている。泊まった日のメインは「蒸ししゃぶ」。国産牛ロースと郡司《ぐんじ》豚ロースをお野菜と一緒に蒸して食べ比べができる。ヘルシーな料理で、良質なたんぱく質と野菜のビタミンを一緒に摂取できる美肌のごちそうだ。

17. 村のホテル　住吉屋（長野県・野沢温泉）——熱い、熱い、夢のアンチエイジング湯

野沢温泉は、熱い。いいお湯なんだけど、熱い。野沢温泉では外湯めぐりが楽しいけれど、とにかく、熱い。野沢温泉の方々は、この熱いお湯が大好きだ。

それは、日本で唯一の温泉村に生まれ育ったアイデンティティみたいなもので、何が何でも譲《ゆず》れない野沢温泉の野沢温泉たる大切な要素だったりする。だから、ここの温泉を楽しむ場合は、熱い湯に入るための極意を知らなければならない。それは、かけ湯だ。

かけ湯10杯。心臓に遠い足先から、右足、左足、右ひざ、左ひざ、右腰、左腰、お腹、右肩、左肩、背中。これで10杯。これでも無理なら、もう一度かけ湯。ひたすらかけ湯。慣れるまでかけ湯。すると、無理だと思っていた熱い湯にすっと入ることができる。

そのような〝試練〟を経た上ででも、この熱い湯にぜひ入りたくなる情報を聞いた。それは、

表だった。

わたしも所属している日本温泉科学会での法政大学の大河内正一教授が率いるチームの学術発表だった。

水の特性を測るひとつの指標としてＯＲＰ（酸化還元電位）という分析がある。これで野沢温泉の温泉水を調査したところ、還元作用の高い温泉であることが実証された。還元というのは酸化の反対の言葉。わたしたち人間の肌は年齢とともに酸化し老化に向かっていく。それをなんとかしたいと日々お手入れをして戦っているわけであるが、なんと、この温泉にはその酸化を還元してくれる作用が期待できるというわけで、夢のアンチエイジング湯なのである。

熱いけれども、肌の老化を還元してくれる

「住吉屋」の大浴場は、丸いタイルとステンドグラスの窓がロマンティックだ。色ガラスを通してカラフルな優しい光が温泉に映って揺れる。自然湧出する自家源泉は、この内湯の下にあるので、ほぼ直結で湯船まで注がれるフレッシュな源泉かけ流しだ。湯口から漂う硫黄の香り。外湯ほどではないが、やはり熱い。

かけ湯10杯の技を駆使してざぶんと浸かる。熱くてパワフルな温泉でじんじんと体の芯まで温まり、あっという間にどっと発汗してくる。泉質は含硫黄―ナトリウム・カルシウム―硫酸塩泉で、pH8・9のアルカリ性。ガス性の硫黄よりもお湯に溶け込んでいるイオン型の硫黄が多いので白濁はしないが、硫黄の含有量はたっぷり。硫黄が血行を促進し肌代謝も上がる。硫酸塩泉の成分でしっとり保湿され、温泉に入るだけでスキンケアが完了だ。湯上がりの肌はツヤツヤ。

住吉屋に泊まるもう一つの楽しみは食事。地元のおかあさんが作る郷土料理の取り回し鉢《ばち》と、板前さんの旬菜会席料理の2本立てはこの宿だけのお楽しみなのだ。長寿日本一に何度も輝いている長野県には昔からの知恵が詰まった郷土料理がたくさんある。これを旅館料理として美しく美味しく楽しく食べられるのが住吉屋名物の取り回し鉢だ。

取り回し鉢は8種類あって夕食に3品、好きなものを選べる宿泊プランがある。真っ白で繊細な〝なます〟は、この地域ではじゃがいもから作る。シャキシャキとした歯ごたえと上品な甘酸っぱさは後を引く美味しさだ。地元の常盤《ときわ》牛蒡《ごぼう》は太いのに中までしっかり味が染み込んで柔らかに煮えている。

毎回リクエストしてしまう塩煮芋は、小さな新じゃがをてりてりのツヤが出るまで炒め煮にしていて食欲をそそる。どっしり重くて、中までほっくり。キクラゲ山家煮《やまがに》は、大きなキクラゲをピリ辛に味付け、ぷるぷるコリコリの食感がたまらない。他にカレー芋、芋がら煮つけ、花豆ふっくら煮、ぜんまい煮などが、骨董の美しい大鉢に盛られて登場する。

取り回し鉢に続くのは、料理人が腕をふるう旬菜会席だ。メインの和牛朴葉《ほおば》焼きはジューシーな厚切り肉を芳ばしい朴葉の上で焼く。薬味は塩、山葵《わさび》、そしてかんずりという地元名産の唐辛子から作った調味料が肉の甘さを引き立てる。ぜひ、料理と合わせたいのは「水尾《みずお》・雪中貯蔵」。雪の中で熟成させた限定の地酒で、雪国野沢ならではの銘酒だ。

18. 四万《しま》やまぐち館（群馬県・四万温泉）——潤い補給の天然美肌化粧水のような温泉

この宿に泊まる時には、チェックインの時間にあわせて、絶対に早く到着するようにしている。そして、「お題目《だいもく》大露天風呂」へどぼん。

四万温泉の源泉力はすごい。温泉地全体に42本の源泉があるが、そのうちの39本が自然湧出なのだ。つまり地中から自然の力だけでこんこんと湧き続ける温泉が大変多い土地ということになる。

「四万やまぐち館」には6本の自家源泉があり、すべて宿の下から自然湧出している。恵まれた湯量のパワーあふれる源泉を最大限に味わってもらいたいと、館内にあるすべての湯船の温泉を毎日完全に抜いて掃除し新しい源泉をかけ流しで注ぎ込む。巨大な露天風呂も、広い内湯の大浴場も、貸切風呂も、特別室3室のお風呂もである。

四万川に沿うお題目大露天風呂の豪壮

温泉は生きている水なので、注ぎたての新鮮なお湯には力がある。鮮度の高いハリのあるお湯というものの素晴らしさに大変感動したのが、この宿のお題目大露天風呂だ。以来わたしは、四万やまぐち館へ行くなら注ぎたての温泉へ入る、と決めている。この露天風呂はとにかく大きさ・深さがケタ違い。露天風呂へと続く内湯もたっぷりと湯量があってとても気持ちがよい。これだけの巨大な湯船を朝から昼までの間に毎日すべて新しいお湯に入れ替えているのだ。

泉質は、ナトリウム・カルシウム―塩化物・硫酸塩泉で、pH7・3の中性。しっとり潤いを運ぶ硫酸塩泉と、その潤いを塩のベールで閉じ込める塩化物泉のコンビネーション。まさに天然の美肌化粧水のような温泉だ。新鮮な温泉はどっしりとしたハリがあり、肌に吸い付いてくるような密着感。ぐんぐん潤いが補給されていくような力を感じる。

ところで、お題目大露天風呂にはストーリーがある。四万温泉は四万川の渓流沿いにお湯が湧き宿が連なっていて、渓流の清々しい水音をききながら温泉に入れるのが魅力だ。300年を超える四万やまぐち館の歴史の中には四万川の氾濫《はんらん》による危機が何度もあったが、宿の建物に寄り添う巨大な岩によって水の勢いの向きが変わり難を逃れたというのだ。そんな守り神のような大岩に感謝と旅人の無事と健康を祈願しようとお題目を刻んだ。お題目大露天風呂でこの大岩に手を合わせると大願成就すると、評判のパワースポット温泉にもなっている。

館内には飲泉処もある。四万温泉では飲むことができる飲泉場が点在しており、温泉街散策でも立ち寄ることができる。

宿の玄関に入ると、俵町《たわらまち》通りと呼ばれる楽しい場所がある。夕食後には俵町広場にでかけて、宿のスタッフによる踊りや太鼓を鑑賞する。座長である女将さんの紙芝居も人気だ。

19．大丸旅館（大分県・長湯《ながゆ》温泉）――ぬるめの長湯で肌をすべすべにする温泉

ゴゴッ、ゴゴッと地球から吹き上がる温泉の声が聞こえてくる。大地の栄養がたっぷり入った濁り湯の温泉だ。

自家源泉があるのは、女性用の大浴場にある半露天風呂の隣。湯口の壁の隙間《すきま》から、源泉の様子がちらっと見える。この湯船にはきっといちばんフレッシュな源泉が注がれているに違いない、などと考えて、にんまりとする。温泉好きはこういうことに喜びを感じるのだ。

長湯温泉といえば、炭酸泉のラムネ温泉館が有名だ。初めて長湯温泉を訪れた時に、ラムネ

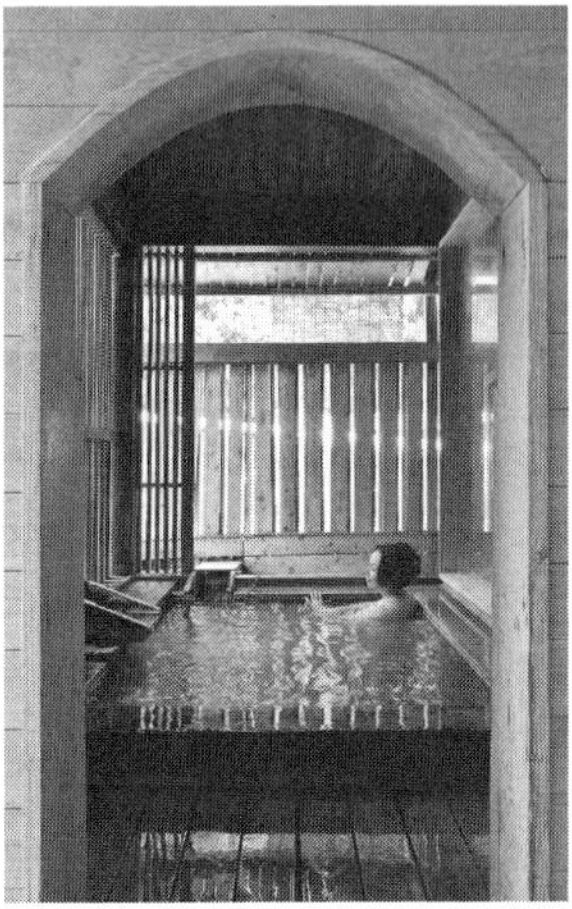

「テイの湯」に浸かる著者

温泉館で天然の炭酸泉に入り、肌に炭酸の泡がびっしりとついてプチプチとはじける様子に感動し、眠れないほど大興奮した経験がある。入る度にすごいなあと感動するので、つい、そのことばかりを書きたくなるのだが、実は、各宿や温泉街に点在する外湯で入れる温泉も、それぞれ個性があってとても素晴らしい。この温泉へ何度も足を運ぶにつれて、しみじみとその魅力がわかってくる。

「大丸旅館」は大正6（1917）年創業。100年を超える歴史の中で、与謝野鉄幹・晶子夫妻など数々の文化人が逗留している。

昭和30年代の終わりに、3代目女将のテイさんの夢枕に白髪の老人が現れて、宿の隣の茶畑に素晴らしい高温の温泉が湧出するだろうとのお告げがあった。息子さんが掘削をしたところ、この地では珍しい50℃近い温泉を掘りあてたというのが、今の大丸旅館の源泉「テイの湯源泉」だ。

源泉温度は46・7℃、泉質は、マグネシウム・ナトリウム・カルシウム―炭酸水素塩泉。黄緑色の濁り湯で、エネルギー代謝をサポートするマグネシウムやナトリウムが豊富なため、つるりとしたやわらかな感触で肌をすべすべにする温泉だ。二酸化炭素ガスも８３０㎎／㎏含有する。１０００㎎を超えないと二酸化炭素泉の泉質名はつかないが、２５０㎎を超えればそれだけで温泉と認められる数値だ。ややぬるめのお湯でゆっくり長湯ができる。入っていると、じんじんじわじわ、炭酸ガスの働きでぐるぐると全身の血も巡っていく。

大丸旅館の本館に隣接する、別館・藤花楼《とうかろう》には貸切風呂「ミドリの湯」がある。ここが大変おもしろい造りになっている。イメージとしては茶室。シャワーのある場所から温泉へ入ると茶室のにじり口のような木戸があり、それを開けるとこぢんまりとした半露天風呂に出る。首まですっぽりと浸かれる深さで、この小さな空間がなんとも落ち着く。湯船から眺める芹川《せりかわ》の流れが大変美しい。

地元作家が作った陶器で出される料理は、久住山系《くじゅうさん》の水で育った野菜やお米、エノハと呼ばれるヤマメのお造りの上にカリッと揚げた骨せんべい。久住高原牛のステーキや芹川の天然すっぽんなど地元の美味しいもの尽くし。美味しいだけでなく、体の中から温まる滋養たっぷりの食事だ。

20. おとぎの宿 米屋《よねや》(福島県・須賀川《すかがわ》温泉)——源泉だらけの「おとぎの泉」でつるつる肌に

とろとろ、つるつる。うっとりするような感触の温泉が、こんなに広い大浴場にたっぷりとかけ流されているのに、なんで人が少ないいんだろうか。初めてこの宿に泊まった時のことである。

おとぎ話になぞらえて、美味しい料理が一皿一皿運ばれてくる「おとぎ会席」が大ヒットし、それを目当てに泊まりに来るゲストで連日満室になる宿だった。「うちの宿に泊まる方は、お部屋からほとんど出てこないんですよ」と女将の有馬みゆきさん。なぜか、大浴場にはあまり入りにこないという。全室専用の温泉付きだから、まあ、それもわかるけど……。「もしかしたら、大浴場が楽しくないからじゃないですか? 大浴場もおとぎの宿にしましょうよ」。意見を求められたので、思い切って言ってみた。

田園風景が広がる高台の森に豊富な湯量の自家源泉を得た「おとぎの宿 米屋」のはじまりは、地元の方を中心とする宿泊と日帰りの温泉施設だ。オーナーの有馬夫妻は二人三脚で改革をし、少しずつリニューアルをして、人気宿へと押し上げた。わたしが最初に宿泊したちょうどその頃は、次なるステップに向かうために宿の改装をどうするか悩んでいた時期だった。わたしの温泉の話を、有馬夫妻は身を乗り出して聞いてくれた。話はどんどん盛り上がり、「よし！ 誰もが入りたくなる大浴場をつくるぞ」。有馬裕寿社長の力強い言葉で、新しい大浴場の構想が立ち上がった。

テーマは「おとぎの泉」。男女入れ替えで楽しめるようにとテーマを変えて露天風呂のグランドデザインをまったく異なる雰囲気に変えた。

露天風呂「花」は水鏡となって辺りを映す

「花」は、季節の花や森の緑を眺めて入る露天風呂。源泉の新鮮さを楽しんでほしいというこだわりから、湯船の下から源泉を注ぎ空気に触れさせずに浴槽を満たすという構造になっている。これは2つのうれしい効果を生んだ。一つはこの温泉の最大の特徴である「とろんとろん」の感触が、より確かに体感できること。もう一つは湯を下から注いでいるため、湯の表面が水鏡となり木々の緑を映しこんで大変美しい情景を作り出したことである。

「月」は、棚田《たなだ》をテーマにした。岩風呂とヒバ風呂があり、湯船から夜空を見上げて月や星を楽しめる。

内湯の「大湯」は1・8mもの大きな湯口から滝のよう

に温泉が注がれている。湯船の一部は浅く、温泉の流れる水音を聴きながら半身浴や寝湯として利用できる。「小湯」は源泉100％にこだわり、湯船の下から大量に注入することで、やや熱めの仕上げ湯としてさっと入るのにぴったりだ。

「源泉100％ミストサウナ」も誕生した。壁一面から流れ落ちた源泉が床にあふれている。天井からも源泉のミストが降り注ぎ、頭のてっぺんから足の爪先まで〝温泉だらけ〟になる。とろとろの美容液のような温泉を全身に浴びることができるのだ。湯上がりにのんびりできる、宿泊者専用のカフェも出来上がり、「おとぎの宿　米屋」は、客が部屋に籠《こも》らない温泉三昧の宿へと変わった。

泉質は、アルカリ性単純温泉で、せっけんのような作用で肌をつるつるにしてくれる美肌の湯だ。地中に含まれる植物成分が温泉にも溶け込んでいて、ほんのりと大地の香りがする。全館源泉かけ流しなので、毎日すべてのお湯を落として新しい源泉を注ぎ込む。

もとから自然素材を使ったナチュラルな内装で、有機野菜などを利用したこだわりの食事を出す宿だったのだが、2011年3月の東日本大震災をきっかけにその追及はさらに進歩を遂げた。豊富な自家源泉が湧くこの地で、体に優しく、安心安全で美味しい料理を出すにはどうしたらいいだろう。食材を探し求めて行くうちに、完全無農薬・無肥料の自然栽培にいそしむ作り手に出会った。その畑で食べた野菜の優しい美味しさに魅せられたことがきっかけになったのだという。

「おとぎ会席」は季節ごとにメニューが一新し、一年に４つのおとぎ話に出会える。食べる楽しさをそのままに、野菜は無農薬・無肥料栽培や有機栽培のもの、魚は天然物が中心で、養殖の場合はエサまで確認した上で仕入れる。肉も飼育環境やエサにも着目して仕入れている。調味料は天然由来で伝統的な製法によるものと、小さな前菜の一品にさえもこうしたこだわりが詰まっているのだ。

大浴場でバリエーション豊かな湯船を巡り、体を温めて食事を満喫する。しかも体に優しく安心安全でおいしさにこだわって探した食材の美食だ。楽しんでいるだけで肌養生の温泉滞在になる。

【第3章】 最高のスパに身を委ねる宿8軒

21. 箱根吟遊《ぎんゆう》（神奈川県・宮ノ下温泉）
――驚きの〝ビフォー・アフター〟をもたらすオリジナル施術

旅先のスパといえども、やっぱりいちばんうれしいのは〝結果〟が実感できた時だ。旅先の大事な時間を割いて施術《せじゅつ》を受けるのだから、ただ癒されて気持ちがいいだけでは満足できない。そうした意味で、「箱根吟遊」のスパはすごかった。たった120分で驚きの〝ビフォー・アフター〟。リピーターが続出するのも納得だ。

「吟遊スパ」は、すべてがオリジナルだ。若女将の太田真美さんは、癒やしのトリートメントを徹底研究している。そして、結果を出すスパのために、自ら工場へ通い詰めて試行錯誤してオリジナル商品を開発し、長い年月をかけて納得のいく商品を作り上げた。その情熱がすごい。

いいスパだと予感した時には、しっかりしたコースを受けることにしている。「セレクト120」は好きな組合わせで120分のトリートメントの構成を決められる。わたしはボディ50分とフェイシャル70分で受けることにした。4種類ある花鳥風月の香りで表現するイメージとエッセンシャルオイルによる効果のいいとこ取り。感覚を最大限に使いながらオイルを選ぶ。

選んだのは「島」で、グレープフルーツ、ローズマリー、フェンネルなどすっきり軽やかな香りがする。血行を促進して肩こり、冷え、むくみに作用する精油だ。

全身をプレスしながら足のストレッチから施術が始まった。足裏、背中、首、肩を丹念にほぐし、仰向けで表面もしっかりと流す。フェイシャルはホイップクリームのようにふわふわに泡立てたクレンジングが気持ちいい。オイルマッサージで顔のコリも解消する。オリジナルのホワイトニングマスクはビタミンC誘導体、バイオペプチド、低分子コラーゲン入りで、もっちりと密着する重みがある。10分間のパック中にヘッドマッサージを施す。究極の仕上げはオリジナル美容液だ。プラセンタ原液50%とコラーゲン40%配合の美容液の2段重ね。

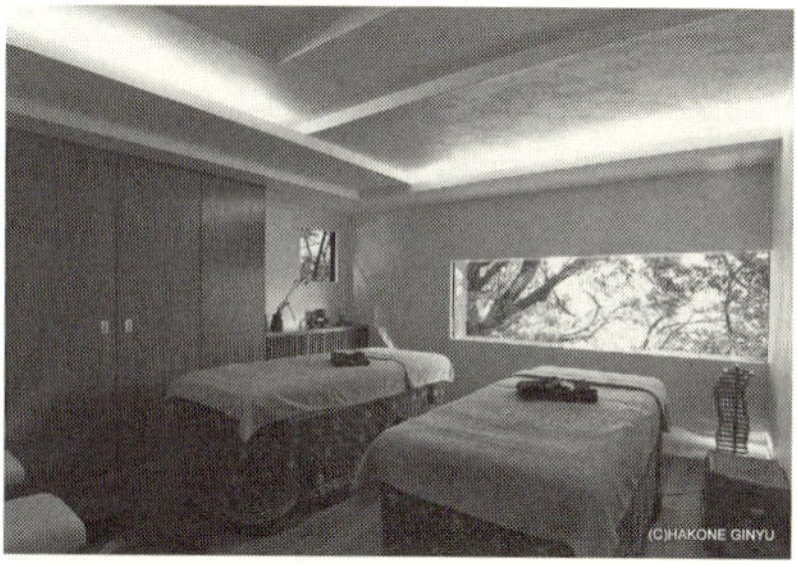

吟遊スパにはペアルームもある

こうしてわたしのシワは撃退された。

そして何よりもうれしいのは、吟遊スパ専用の「源泉かけ流し露天風呂」があることだ。スパに行くには宿から回廊を下っていく。太い木の幹をくぐりワイルドな森へ入っていくような探検気分だ。そこには隔離された別世界のような静けさがある。壁や天井は焼き木の素材で、美しいウォーターガーデンの向こうには力強い緑が茂る。施術の前に温泉へ。やわらかな弱アルカリ性のナトリウム——塩化物泉。ふんわり温まってからバリ島の生地のオリジナルローブに着替える。

箱根吟遊といえば、絶景を眺める場所にハンス・J・ウェグナーのピーコックチェアが2つ並んでいるロビーが印象的だ。目の前には箱根外輪山の圧巻の緑が広がる。深い渓谷に流れる早川は、山と海のパワーを集める縁起のいい場所だ。大自然の中に浮遊するような感覚は、大浴場の温泉でも味わえる。露天風呂は元祖インフィニティ温泉で、朝には雲が流れる渓谷の幽玄な光景に出会えることもある。

食事は部屋食だが、全室にダイニングルームがついているので、こちらが寝たままでも客室係が寝室を通らずに食事の支度をしてくれるのがいい。相模湾の地魚や小田原の相州牛《そうしゅうぎゅう》、新鮮野菜などが、サプライズもある盛り付けで登場する。どれもこれも美味しい料理が食べきれないほど出てくる。

22．別邸　音信《おとずれ》（山口県・長門湯本温泉《ながとゆもと》）——日頃の不摂生を帳消しにする神の手と食事

神の手の持ち主は、日本全国にいる。北から南まで、温泉やリゾートを旅して、ここぞと思う宿の中のスパトリートメントを受けてきたが、えっ、こんなところに、こんなすごいゴッド

ハンドがいたとは……と驚き、感動することがある。それはいわば、旅先で何気なく入った小さなレストランで、感動的なローカルガストロノミーを味わえた時のようなものだ。旅スパで出会う神の手は、その土地の空気の中で生きているからこそ培われた宝物なのかもしれない。

　この宿にもスパがある。「グランデスパ音信」は、春は桜、初夏は紫陽花《あじさい》、秋の紅葉、冬のぼたん雪と、四季を感じさせる庭や、宿のもう一つのテーマでもある「水」の清々しい音が心地よい贅沢なスパルームだ。たっぷり大きめのベッドには温熱ヒーターが備わっていて、ほんわりと温かい。スパの施術が含まれている宿泊プランもあって、ここで過ごすゆとりの時間の大切な一部になっていることがわかる。

心地よい贅沢なスパルーム

　施術が始まると、セラピストの手が生き物のように動き出す。手の温もり、指のしなり、腕から伝わる人肌の感触、人間の手こそが最高の美容道具なのだなあとあらためて実感する。セラピストの村田真理子さんは宿がオープンした時から12年にわたってグランデスパ音信の店長を務めている。穏やかな物腰とは裏腹に、施術が始まると10本の指がまるで人格を持ったかのように、縦横無尽に躍動するのだ。

「ハワイアンロミロミの技術をベースにしています」と言っていたが、確かに中腰でダンスをしているような動きで肩から腰回りをほぐしていく。コリや冷えで硬くなりがちな背中も一気に血の流れがよくなり紅潮してポカポカと温まってくる。隠れたコリも見逃さないゴッドハンドの親指がぐいぐいときて「きく〜」。かと思うと、腕全体を使うロミロミ独特の「アロエア」という鎮静させる動きは、ウトウトするほど心地よくリラックスさせてくれる。全身のコリを見つけて、くまなく巡らせたら、仕上げは鎖骨の周り。流したリンパをここへ収納していらないものの排出を促すのだそうだ。

施術の間ずっと、流れる水の音が聞こえてくる。水音の清涼感に誘われて自分の中の水もさらさらと清らかに流れていくような気分になれるしつらえだ。

およそ600年前、大寧寺《たいねいじ》の住職が住吉明神のお告げによって発見したといわれる長門湯本温泉は、神様から授かった湯の伝統を重んじており、今も中心部の源泉は大寧寺が所有している。39℃ほどの源泉温度だが、源泉のまま配湯する仕組みがうれしい。名物の共同浴場「恩《おん》湯《とう》」は2018年8月現在建て替え工事中だが、源泉の魅力に触れられるこだわりの設計になる予定だ。

宿には各部屋に専用の温泉があるほか、ゆったりとした内湯と露天風呂の男女別大浴場もある。泉質はアルカリ性単純温泉で、ナトリウムや炭酸イオンが豊富でつるつるとした感触が心地よい。肌をなめらかに整えてくれる優しい美肌湯だ。

夕食は土産《どさん》、土法《どほう》、土食《どしょく》と、土地の食文化を大切にする「三土《さんど》料理の哲学」をテーマに、美しい器と盛り付けも目を楽しませてくれる。土地の素材を生かした料理で、食べた物が血となり肉となり、健康な体や美肌をつくる。スパと温泉とこの食事で、日頃の不摂生を帳消しにできるかもしれない。

23．リバーリトリート雅樂倶《がらく》（富山県・春日《かすが》温泉）
——漢方オイルと驚きの薬草蒸しスチームバス

富山といえば薬売り。富山空港の中にも置き薬で有名な廣貫堂《こうかんどう》の売店があるほどだ。この宿のスパ「セラピールームりふれ」のご当地スパ「雅漢樂《がかんらく》コース」が大変面白い。何といってもおすすめは、雅漢樂フルコース110分。まさに、この宿へ旅をしないと出会えない富山ならではのスパトリートメントだ。

リバービューの施術ルームには、神通峡《じんづうきょう》のゆったりと流れる緑の川を眺める位置に温泉が場所取りしてある。驚きは最初から訪れる。施術ベッドの隣に天然木コホンバの大きなスチームバスがあるのだが、この中でご当地ならではの薬草蒸しをするのだ。富山県内で収穫した薬草

天然色でまとめられたスパルーム

（当帰・よもぎ・ビワ）を2つの鍋でぐつぐつと煮出すと、みるみる薬草スチームがドームの中に満ちていく。薬草に蒸されること20分、顔は出ているので息苦しくはないが、大量に発汗し、老廃物がすっきりと放出されていくのである。

続いて専用露天風呂で温泉入浴。心と体を整える大切な時間だ。

さて、90分のボディトリートメントだが、漢方オイルは、植物エキスと薬草（竹エキス、川芎《せんきゅう》、レンギョウなど）のブレンドで、それを体調と悩みに応じて組み合わせて使用する。滞ったリンパの流れを潤滑にしてゆく強いタッチのトリートメントで、指圧やストレッチとアロママッサージを駆使した手技が心地よい。おなかの部分が硬くなってハリを感じるようになると、ホルモンバランスや自律神経の乱れにも影響する。それをゆっくりほぐして腸の活動を促すのである。

この宿に滞在することはすべてがアートだ。建築家・内藤廣氏はリトリートであることにこだわって設計した。斬新な発想も取り入れた空間は挑戦的であるが、すっきりとしていて癒される。一つとして同じ部屋がないのも泊まる愉しみが増える。

温泉は2カ所。内湯と野趣あふれる岩の露天風呂が付いた「湯どころ」と、スパに隣接するモダンなヒーリングスペースを備えた所である。神通峡の川を渡る風を感じながら入る温泉はナトリウム―塩化物泉で、ほっこりと体の芯まであたためてくれる。

ここはまた美食の宿でもある。宿の中にあるレストラン「レヴォ」が供するのは、谷口英司シェフによる「前衛的地方料理」――富山県をまるごと食す、旅する晩餐だ。最初に運ばれたのは富山県上市町の穴の谷霊水で、一杯の湧水を飲むことから食事が始まる。アミューズはプティフールのような可愛らしい一口サイズの料理が並び、富山を楽しむエッセンスがぎっしり。白エビがアイスクリーム状になった一品は新鮮な驚きだった。魚料理は地酒「満寿泉《ますいずみ》」の大吟醸の酒粕とブイヤベースを融合させたスープ、それを脂ののったアイナメにからめて味わう。忘れられない富山の味となった。(「レヴォ」は独立し、現在、田中逸平氏が料理を仕切る)

24. 望水《ぼうすい》(静岡県・北川温泉)―海と月のパワーを取り込んだ施術でストレス解放

「望水」が一気に人気を博したのは、プライベートガゼボと呼ばれる、贅沢な貸切風呂をつくったことにある。これが望水の名物となった。デザインの異なる4カ所のプライベートガゼボ

「月の力」を取り入れるというスパ

は宿泊すると1組毎に1回50分無料で利用できる。さらに、有料のプレミアムガゼボも2つ誕生して6つの貸切風呂を楽しめるようになった。
　ガゼボというのは東屋《あずまや》の意味。湯船は数名入れるほどの大きさでそれぞれデザインが異なる。それだけでも贅沢なのに、広いリビングを備えていたり、サウナが付いているガゼボがあったりする。それらは通常の貸切風呂の概念をはるかに超えている。中にいるとまさにその名称通り、独立した東屋にいるような気分になってくる。
　これらから眺める海の景色がすごい。伊豆大島の島影が彼方に横たわっている。そこから日が昇り、月が昇る。刻々と変わる海の姿は、どの時間に見ても心に残るものだ。海から吹く潮風は海洋性ミネラルを含み、温泉に入っているだけで海洋浴にもなる。波の音や揺らぎは癒しにつながり脳疲労をリリースしてくれる。
　温泉は敷地内にある自家源泉で、貸切風呂ではすべて源泉かけ流し。泉質は、ナトリウム・カルシウム—塩化物泉。塩がベールのように肌を被《おお》って温泉であたたまった熱や水分を閉じ込めて保温・保湿してくれるので、ぽかぽかしっとりが持続する。

宿にあるHEAVENLY SPA「ＧＥＣＣＡ」からも海の絶景が望める。満ち欠けする月は潮の満ち引きと密接に関係があり、人間の体のバイオリズムにも関わっている。スパでは、その日のその人に合わせたパーソナルメニューを行うことを大切にしているが、中でも心身のバランスを整えるメニューでは「月の力」を取り入れるチャクラバランシングから始まるのが特徴。目の前の海には幻想的な月が昇る。月の道ができることもあるし、月灯りに照らされた海は神秘的な雰囲気だ。北川温泉の海岸の浜石は、月の光をたっぷりと浴びていると考えられていて、この浜にしかない〝海と月のパワー〟を取り込んでから施術が始まる。寄せては返す波のような、ゆっくりとしたストロークでストレスをリリースできるトリートメントだ。

伊東生まれの稲葉富也調理長は伊豆の海も山も知り尽くしている。「釣りたての魚をすぐに処理して一度寝かせると、アミノ酸が増してぐっと味わい深くなる」と、旨味を最大限に引き出してから握る、望水名物の「北川あじ鮨」は、小さな一口サイズ。出汁《だし》醤油のジュレと生姜、ねぎがのっていて、口の中に広がる味わいのハーモニーが絶妙である。目の前の海で獲れる鯵の美味しさを徹底的に引き出した逸品だ。

定置網漁で毎朝水揚げされる新鮮地魚を４００℃に熱した石でさっと焼く「海鮮石焼き」はシャンパンにも合う絶品である。中伊豆で出会った農家の野菜に感動した調理長がものする伊豆野菜のバーニャカウダの特製ソースの隠し味は味噌なのだそうで、野菜本来の甘味、香り、旨味、苦味を引き立てる優しい味わいだ。（2021年より石井洋次氏が調理長となった）

25. べにや無何有《むかゆう》（石川県・山代《やましろ》温泉）――16種類の薬草を調合する唯一無二の施術

人生には余白が必要だ。ぎっしりと書き込まれたスケジュール帳、片時も手放せないスマートフォン、毎日が追われるように忙しく充実しているように見えるが、ふと、虚しさを感じることはないだろうか。

「べにや無何有」という宿には、まず、その名前に魅かれた。「無何有」というのは荘子《そうし》が好んだ言葉で、「からっぽの中に豊かさがある」ということを表している。人生の中にすっぽりとあいた、余白のような時間は、あまりにも自由で豊かさに満ちている。なぜ、あんなことにこだわり、しがみついていたのかと、ついさっきまでの自分を笑い飛ばしたくなるような、ゆったりとした空気が、べにや無何有の持ち味だ。

宿は白山信仰の聖地であった薬師山《やくしやま》の高台に立っている。山庭を囲むように立つ宿からは、ご神木の赤松を中心に桜、紅葉、椿など、季節を反映する木々を眺めることができる。そこにはかつて薬王院温泉寺の本堂があり、修行の場であるだけでなく、僧侶が温泉の施浴と薬草を調合して人々を癒していたそうだ。その薬師山の伝統を思い起こすような「薬師山トリートメント」は、まさに、ここでしか受けられない唯一無二の施術で、薬師山のこの地で受けることに大きな意味がある。

女将の中道幸子さんは、世界中の名だたるスパを訪ね歩き、「スパ円庭施術院」を作った。この地へ旅をして受けるべきデスティネーションスパとは何かを考えた時に、薬師山トリートメントしかないと思い至ったそうだ。

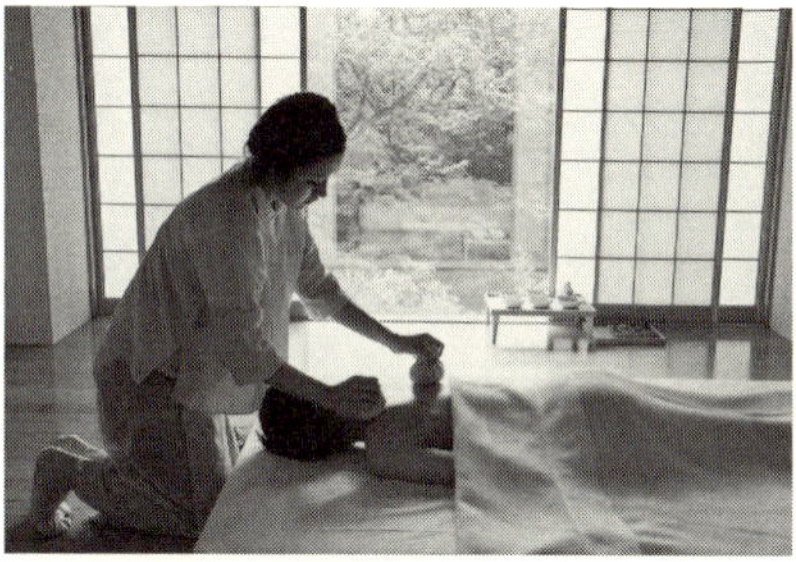

外来の客も施術が受けられる

施術の部屋にはすっきりとしたフローリングに低いマットが置かれている。和の空間の障子を開けると大きな窓から薬師山の自然が見える。ここでは温泉入浴をしてからスパへくるように勧められる。山代温泉の泉質はカルシウム・ナトリウム―硫酸塩泉、体を温めて肌をしっとりと整える優しい温泉だ。施術の前に、16種類の薬草がのった盆が運ばれてカウンセリングが行われる。

セラピストが穏やかな口調で、体調や悩み、要望などを聞き出して薬草を調合していく。施術に使われる「薬草玉」「漢方クリーム」「煎じ生薬漢方ゴマージュ」はすべてオーダーメイド。ひとりひとりの体質や体調に合わせて、中医師の処方による薬草マトリックス「補捨流調《ほしやりゅうちょう》」を元に組み立てていくのだ。足りないものを補い、要らないものを捨て、体の中の流れをよくして、調和をとっていく「補捨流調」の薬草を、施術、薬草茶、薬草足浴の組み合わせで取り入れて、ゲストに最も必要な調整をしてくれる。

薬師山ボディトリートメントを受けた。低いマットでの施術は、とても心を落ち着かせてくれた。高さのあるベッドだと、無意識に落ちないようにと体が緊張しているのかもしれない。疲れが溜まっていたので疲労回復のマッサージ。メリハリのある手技で心地よい。マッサージの後は、蒸しあげた薬草玉を体に押し当てていく。これによって、体内に薬草成分がたっぷりと吸収されていくそうだ。施術の部屋には温泉が引かれていて、流れる水音に癒される。この温泉を使って施術後に足浴をする。白山の薬草や薬草マトリックスで選んだ生薬を浮かべた温泉足湯は、流れを整え、要らないものを捨てる助けになる。

宿の中心にある「方林《ほうりん》」は薬師山の山庭を眺める清々しい空間だ。毎朝ヨガも行われているが、ダイニングとして夕食や朝食も楽しめる。料理はとても美味しい。ここの料理を完成させたのは、日本はもちろんのこと世界中で美味を味わってきた中道女将の舌に残る記憶である。夏は岩牡蠣、冬はズワイガニと、豊かな加賀の食材を九谷焼などの美しい器を愛でながら味わう。この地ならではの加賀野菜の炊き合わせも絶品だ。

26．別邸　仙寿庵《せんじゅあん》（群馬県・谷川温泉）──雪エステ!!　寝具も食事も至れり尽くせり

せっかくなら、渓流に近い気持ちのいい場所にスパを作ろうと、谷川の清流を眺める場所にエステルーム「宇宙《そら》」を配置した。ロビーがあるフロアから階段を下っていくと、どんどん川の水音が近くなってくる。エステルームの横には歩行浴ができる足湯の温泉があるのだが、34℃ほどのぬるめになっていてリラックスできる。

施術に使用するスキンケア製品はアルコール不使用で肌に優しい「サロン・ド・メディチ」。ここならではのご当地メニューが面白い。例えば、谷川温泉が弱アルカリ性でクレンジング作用があることを利用し、フェイシャルメニューに温泉水ミストを取り入れた温泉美白トリートメントや、谷川上流で採れる「玄武岩《げんぶがん》」を温めてボディマッサージに活用する温石《おんじゃく》ボディトリートメント。さらに、冬限定の「雪エステ」は、まさにここだけでしか体験できないユニークなメニューだ。

スチーマーをあててクレンジング、毛穴ケア、汲みたての源泉をたっぷり含ませたフェイスパック、そしてオイルで指、こぶしなどを駆使して「持ち上げて流す」手技。顔のコリもくすみも一掃する特別なマッサージだ。その後、クリームやスクラブ、セラミドパックと続き、最

後の仕上げにいよいよ雪の登場となる。

「では、冷たい雪をのせてまいります」。温泉水フェイスパックの上にどんどん雪がのせられていく。わずか1分ほどなのだが、〝冷たくて気持ちいい〟を通り越して次第にジンジンしびれるほど冷たくなってくる。雪のアイシングのおかげで肌も毛穴もしゃきっと引き締まるのだ。

「別邸　仙寿庵」は、1000坪の建物にたった18室しかない贅沢な宿だ。大浴場のほかに全室にかけ流しの露天風呂が付いている。美術館にいるようなガラスの回廊はおよそ40mの長さ。壁面には地元群馬の土壁と川原信子さんのカリグラフィーアートで四季や時空の流れが表現されている。

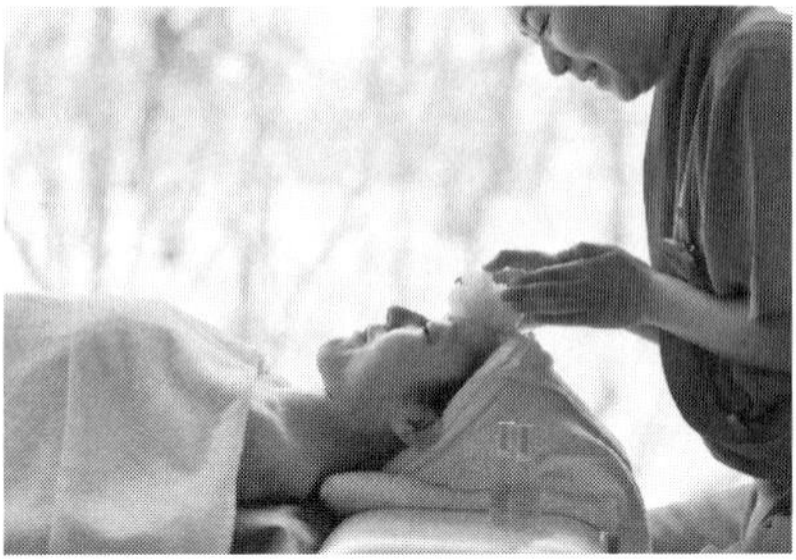

これが世にも珍しい雪のアイシング

2つある大浴場には趣の違う内湯と露天風呂があり、男女入れ替えで楽しめる。露天風呂の底には谷川の大きな石がゴロゴロと置かれている。すぐ横に流れる谷川の渓流を眺めて温泉に入り、まるで川に入っているような気分を体感できる楽しい演出だ。泉質はカルシウム・ナトリウム—硫酸塩・塩化物泉。肌がしっとり潤い、ぽかぽかと温まる保温・保湿の温泉である。

この宿には、泊まってみないとわからない細かな配慮が随所にある。

部屋では一枚ガラスの窓から見える谷川岳をはじめ山々の眺めが素晴らしい。広縁のテーブルの上には山や自然の説明書きと双眼鏡が置かれている。部屋の水屋には温熱器があり、「セイロにおまんじゅうが入っていますので、お召し上がりになる時に温めてください」だって。ハーブティーもあるのだが、ガラスのポットとキャンドルで温める本格ティーセットまで用意されていて気分があがる。夜はこのセイロにちまきが入っていて、好きな時にホカホカの夜食が味わえるのだ。浴衣と作務衣《さむえ》の両方が置かれてあるし、持ち帰れる巾着《きんちゃく》はストラップ付きで斜め掛けにできて歩き回るのに便利……と、挙げていったらきりがない。

最も感激したのは和室に宿泊した時のことだ。敷き布団の素材や堅さと、枕を8種類から選ぶための記入シートがある。夕食から戻ると、希望通りの布団が敷かれ、それぞれのゲストの名前が書かれた紙が枕の上に置かれていたのである。「石井様、お好みの通りにお布団をご用意いたしました」。そして、枕元には懐中電灯。これは近年どの宿にも置かれるようになったが、この宿では、非常口までの案内図がハンディサイズで一緒に置かれていた。

本当に、至れり尽くせりとはこのことだ。

夕食は群馬の素材を生かした、シャンパンにも合う日本料理。繊細な薄切りのシルクこんにゃくのお刺身を地元のニラと合わせる。甘くてぷるぷるの食感としゃきっとしたニラの歯ごたえがたまらない。海老芋の唐揚げは、極細切の揚げ牛蒡が敷いてある。もっちり甘い海老芋にカリカリの牛蒡を絡ませて、ほうれん草と人参のディップをつければうれしくなる美味しさだ。上州黒毛和牛の小鍋は、胡麻がきいたスープが絶品で最後まで飲み干したくなる味わい。100種類の梅酒をそろえた珍しいセラーがあるので必見だ。

27. ハイアット リージェンシー 箱根 リゾート&スパ（神奈川県・箱根強羅《ごうら》温泉）
――オーガニックオイルを用いた至福のトリートメント

カンパーイ。リゾートの夕暮れにはやっぱりシャンパンが似合う。隠れ家のような場所にひっそりと立つリゾートホテルは、箱根の喧騒を逃れて憩《いこ》う大人の宿と呼ぶにふさわしい。エントランスを入ると階下に吹き抜けのロビー。印象的な石の壁と大きな暖炉、テラスもあって気持ちのいい空間が広がる。

リビングルームと呼ばれるこの場所では夕方になると宿泊客に、シャンパンや生ビール、コーヒーやジュースなどのフリードリンクサービスが始まる。温泉に入って、スパトリートメントを受けて、リゾートライフも味わえるのがこの宿のいいところだ。

「スパＩＺＵＭＩ」は8室のトリートメントルームを備えた本格スパだ。様々なメニューがあるが、わたしのお気に入りは「フルテラピー」。フルーツの種子から抽出したオリジナルオーガニックオイルを使うトリートメントだ。

フルーツの種子のピュアなオイルは目的に合わせて選ぶ。たとえば、栄養価の高いアボカドオイルは、オレイン酸・リノール酸の含有率が高く、肌に対して穏やかで、肌の乾燥防止、柔軟効果に優れている。そして、有機栽培のラズベリーの種子はビタミンA・Eや必須脂肪酸のオメガ3・6が豊富で、代謝や排出をサポートしてくれる至福のトリートメントだ。

トリートメントルームが8室もある本格派

スパに隣接する大浴場の温泉は、大涌谷《おおわくだに》温泉と宮城野《みやぎの》温泉の混合泉。泉質は、酸性―ナトリウム・カルシウム―塩化物・硫酸塩泉で、pH2・5の酸性。程よい刺激で肌を活性化ししっとり保湿する温泉だ。スパを受ける前に温泉に入り、バスローブを羽織ってそのままスパへ行けるのもうれしい。

最後に客室に触れておくと、マウンテンビューツインルームからの眺めが抜群である。大文字焼きで有名な明星ヶ《みょうじょうが》岳《たけ》を中心に箱根外輪山が見渡せる。専用のバルコニーやサンテラスにはチェアとテーブルがあるので、景色を眺めてのんびりおしゃべりをしたりして過ごせる。大きなワークデスクもあるのでパソコンを広げて少し仕事を片付けることもできて快適だ。

お土産は、IZUMIギャラリー（ホテルショップ）でしか手に入らないIZUMIオリジナルのハーブバーム。ローズとラベンダーの2種類はわたしがヘビーリピートしている旅の必需品である。濃密な精油を閉じ込めたバームは旅先でリフレッシュしたい時や、ちょっとした切り傷などに重宝する。

28．温泉山荘だいこんの花（宮城県・遠刈田《とおがった》温泉）——すべて受けたい春夏秋冬のコース

遠刈田温泉の賑やかな通りから近いのに、宿へ入ると静かな森に包まれて空気が一変する。「だいこんの花」は1万坪の自然林の中に、18室の離れと5つの温泉があり、それが回廊で結ばれている。できる限り自然のままを感じさせつつ、居心地も抜群というさじ加減が絶妙なのだ。

「どんくりコテージ」は森林アロマエステと熔岩浴ができる、独立した2階建ての可愛いお家のような造りだ。1階に森の熔岩浴と季節ごとのお茶やアイスキャンディーを提供するどんぐりラウンジがあり、2階はスパルームが3つで、部屋からは広がる森の緑が眺められる。

スパを受ける30分くらい前にはどんぐりコテージへやってきて、森の熔岩浴でじっくりと発

汗させる。リスの巣穴をイメージした丸窓からも森の緑が見える。活火山である蔵王の熔岩石を宿の敷地から掘り起こして運んだこだわりの岩盤浴だ。体に負担をかけない熱すぎない温度設定なので、ゆっくり過ごして体を温め、巡りをよくしてから施術を受けると効果的だ。

森林アロマエステでぜひ受けたいのは、四季の体や肌を考えた、春夏秋冬のオリジナルコース。春は、目覚める水がテーマ。冬の眠りから目覚めて芽吹く季節は、水分のバランスを整えて毒素を排出しやすくすることを重視していて、コップ1杯の蔵王の天然水を飲むことから施術がはじまる。夏は、緑の葉がテーマ。自家農園で育てたミントの葉が香る熔岩浴の後、ボディスクラブや顔のディープクレンジングで肌のターンオーバーを整え新陳代謝を後押しする。

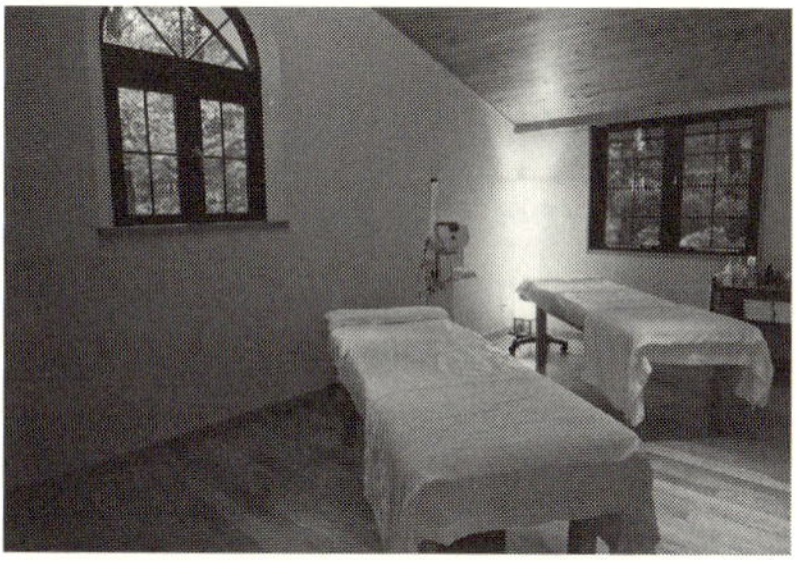

四季によってスパのテーマが変わる

秋は、鎮静の風がテーマ。夏のストレスを緩和し、冬に向けてエネルギーを収納できるように保温・保湿のトリートメントや頭皮ケアですっきり整える。冬は、石のねむりがテーマ。温めた熔岩石を仙骨・首筋・手のひらに置いて体を温めながら、凝り固まった筋肉を柔らかくしてくれるのでリラックスできる。オリジナリティあふれるメニューで、春夏秋冬すべてを受けてみたくなる。

「だいこんの花」は、季節を変えてまた泊まりたくなる仕掛けが「食」にもある。

夕食の献立は毎月変わるが、それに加えて、この宿を有名にした季節の名物料理がある。たとえば、夏はかぼちゃの半身をダイナミックに使った、かぼちゃのフォンデュ。甘くてコクのある濃厚なかぼちゃのペーストに、夏野菜や肉や魚などをからめて味わう楽しい料理で、思わず会話が弾む。7月～8月は冷製、9月は温製のペーストだ。12月～1月は大根の丸太ん棒煮。蔵王山麓は高原大根の産地で、蔵王七日原《なのかはら》高原大根を一本まるごと3日間かけて煮込む。飴色にしみしみになった大根を目の前でカットしてくれるダイナミックな料理で、数種類の餡から選ぶことができてたっぷりとかけてくれる。

4つある貸切露天風呂は空いていれば自由に入れる仕組み。湯船には屋根などなく、雨も雪も陽差しもそのまま。まさに森の中の野天湯のような気分で四季の自然を味わうことが楽しい温泉だ。泉質は、ナトリウム—塩化物・炭酸水素塩・硫酸塩泉。体を温め、すべすべとしっとりの至れり尽くせり系のビューティ温泉である。

【第4章】　美食を堪能する宿10軒

29. 望洋楼《ぼうようろう》（福井県・三国《みくに》温泉）――人生観が変わるほど美味しい蟹を求めて

皇室献上級の蟹という言葉を初めて知ったのはこの宿だ。

時期になると蟹のランク別に宿泊プランが設定される。スタンダードは大蟹プラン。これでも一杯900gほどあり、このサイズに成長するには10年ぐらいかかる。最も流通しているズワイガニは400g前後が多いので、大蟹でも充分にすごいのだが、その上が特大蟹、さらにその上が皇室献上級蟹だ。このクラスになると一杯1・2kgのサイズで、水揚げされる何百匹の中で数匹いるかいないかというほど稀少だという。大変なものなのだろうなあと思ったが、その奥深さは想像をはるかに超えていた。

「蟹道」という言葉があるかどうかわからないが、「望洋楼」のご主人・刀根瑛昌《とねてるまさ》さんは蟹の目利き《めき》である。宿で出す蟹の仕入れには、妥協を一切許さず、港の市場へ出向き自らの目にかなった蟹だけを選ぶ。ずっしり重くて色つやがよく、うまみの凝縮した蟹しか仕入れない。たとえ見た目が大きくても、刀根さんが納得する蟹は、市場で最上級とされる蟹の中のわずか2～3割だという。目で見て、手に取った瞬間に、身の詰まり具合や蟹みその味まで判断するというのだ。

厳しい冬の蟹漁では漁師も真剣勝負ならば、その中から、納得する蟹だけを仕入れるのも命がけの真剣勝負だ。

仕入れるのは地元三国港と、お隣の越前港が中心。福井沖の日本海は段丘状の地形をしていて、水温が低く身の締まった魚介が育つことで有名だ。三国港と越前港は、出港後短時間で漁場へ到着できるので、獲った蟹を活きのいいまま、すぐにセリにかけることができる。三国港では夕暮れになると続々と漁にでた船が帰ってきて午後6時からセリが始まる。つまり、先ほどまで海にいた蟹がその日の夕食の膳に上ることもあるのだ。蟹道の奥深さを、この宿で初めて知った。

これが皇室献上級蟹だ！

越前蟹漁の解禁は11月6日で、そこから4月6日まで活き蟹料理のコースが味わえる。卵を抱いたメスのせいこ蟹は12月下旬までしか獲れないので、両方味わいたいなら年内に行くべきなのだが、実は食通が蟹を食べるのは年が明けて寒さが厳しくなってから。寒くなるほどに脂がのって美味しくなるのだそうだ。蟹にも脂がのるってことがあるの？　と不思議に思ったが、実際に極寒の2月の蟹を食べてみると、独特な甘味がとろけるように広がる。蟹みそも一層濃厚さを増して格別だ。

活き蟹の刺身は、新鮮さが身上。そのまま食べればつるりとした食感でとろけるような味わいだ。氷水に放てば、ぱっと花開きシコシコの歯ごたえになる。焼き蟹は、甘さが増して芳ばしい。甲羅ごと焼いた蟹みそをたっぷりつけてほおばる。

満を持して、熱々に茹《ゆ》で上がった「皇室献上級蟹」の登場だ。腕に輝く2本のタグ。越前蟹の黄色いタグは、福井県の三国港で水揚げされたズワイガニだけの称号である。裏には港名が記されている。そして、望洋楼の目利きにかなった証しの白いタグ。なにやら蟹も誇らしげに見える。仲居さんが鮮やかな手つきで目の前でさばいてくれる。

ぎっしり身が詰まった足はどっしりと重い。人生観が変わるほど美味しい蟹を口いっぱいにほおばった。

望洋楼は東尋坊《とうじんぼう》にほど近い日本海の断崖に突き出たような場所に立っている。趣の異なる7室の客室には専用の温泉があり、部屋にいても温泉にいても海に浮かんでいるような絶景だ。日本海に沈む夕日は圧巻。温泉に入ると水平線を見上げるような目線になり迫力満点だ。三国温泉の泉質は、塩分濃いめのナトリウム・カルシウム―塩化物泉。体の芯までしっかりと温まる温泉である。

30. あらや滔々庵《とうとうあん》（石川県・山代温泉）――一品ごとに感動が湧き起こる美食の宿

加賀の料理は一年中美味しい。いつ行っても美味しい。何を食べても美味しい。そして、どの料理もとても美しい。うっとりするほど美しい。食べるのがもったいないほど美しい。でも、もちろん、食べる。とてつもなく、美味しい。この宿へ来ると、料理が一品運ばれてくるごとに、このように延々と感動がリフレインする。

料理の器は九谷焼や山中塗など地元作家のものや、宿ゆかりの北大路魯山人《ろさんじん》の写し、時には先祖代々の年代物などを使い、その美しさも一緒に味わう。加賀ならではの旬の食材を丁寧に仕立てた料理は、どれもが季節限定の美食と呼びたい品々だ。

そういえば、加賀料理の豊かな食材の話をしていた時の女将さんの言葉が心に残った。それは、海の幸、川の幸、山の幸、里の幸とおっしゃったからだ。山代温泉という土地がいかに豊かな食文化を持っているかをあらためて実感した。

夏の北陸を味わうなら、鮑や岩牡蠣、甘鯛、そして加賀野菜は、瑞々《みずみず》しい加賀太胡瓜《かがふときゅうり》、コロンと丸いへた紫茄子、しっとり甘い打木《うつぎ》赤皮甘栗かぼちゃ。この時期この土地でしか味わえない美食との出会いに心が躍る。

鮑とアボカドのハーモニーにうっとり

ぷっくり艶《つや》やかな橋立産の岩牡蠣をつるりと食した後は、「待ってました！」と声をかけたくなる鮑の登場である。炭を仕立てた七輪の上で網焼き。とろりとかかった肝ソースがぐつぐつと香りを放ち鼻腔《びこう》をくすぐる。仰天の隠し味は、アボカドだ。とろりと肝ソースと溶けあってぷりぷりの鮑にまとわりつき、思わず目を閉じて味わいたくなる。

「デザートは、有栖《ありす》川《がわ》山荘の方でいかがですか」。宿の山庭にひっそりと佇む木造離れの一軒家「有栖川山荘」は、明治初期に天皇陛下ご来館のために数年をかけて建てられた。釘を一本もつかわない見事な伝統建築だ。有栖川宮家の皇族方が逗留された当時の趣を残しつつ改装し、夜は宿泊者だけのためのバーラウンジになる。ワインセラーにはとっておきのワインが並び、グラスで楽しむことができる。（「有栖川山荘」はリニューアルして、離れの特別室となった）

山代温泉の湯元ならではの名品は「源泉たまご」。温泉たまごと言いながらも温泉で調理していないものが多いが、ここでは、宿の玄関にひかれた66℃の源泉で数時間かけて毎日作っている。夜明け前に仕込んだ出来立ての源泉たまごを朝食で味わう。椀に割り入れると、ぷっくりころんとした形状。口へ運ぶとふんわりと温泉の風味、なんともいえない絶妙なやわらかさで、濃厚な黄身が口の中でとろけていく。この「源泉たまご」は驚くことに常温で2週間ほど保存できる。湧きたての源泉がいかに還元力をもっているかという証しだ。

「あらや滔々庵」は山代温泉の湯元源泉の隣に立っている。開湯は725年、まもなく1300年になる。霊峰白山へ向かう行基《ぎょうき》上人が、紫色にたなびく雲へ向かっていくと一羽のヤタガラス（三本足の霊鳥）が水たまりで傷を癒しているのを見つけ、温泉を発見したという烏伝説の湯だ。藩主前田利治の時代に、山代温泉湯元の湯壺の鍵を預かる湯番頭の役目を、あらや滔々庵の初代館主・荒屋源右衛門が拝命し、現在のあらや滔々庵のご当主である永井隆幸さんは18代目を襲名している。

源泉は地下わずか数十mから湧いている。一日約10万ℓの湯量を持つこの宿では、露天風呂付の客室のほか、3つの浴場でたっぷりの源泉かけ流しが楽しめる。

特別浴室「烏湯」はご主人がスイスの温泉地からインスピレーションを受けて造った癒しの空間だ。低いスリットの窓から坪庭を眺め、暗めの照明でぬるめの湯に浸かり、憂き世を忘れて時間を過ごす。たちこめる温泉の湯気で温泉ミストサウナのような効果もある。

泉質は、ナトリウム・カルシウム―硫酸塩・塩化物泉。弱アルカリ性のやわらかな感触が心地よい。肌がしっとり潤いあたたまる美肌の湯だ。

31. あさば（静岡県・修善寺《しゅぜんじ》温泉）――気が遠くなるほど料理が美味しい大人の宿

「あさば」は、大人しか行ってはいけないと思う。久しぶりにこの宿に泊まり、ひとつひとつに、しみじみと感激できることがうれしかった。そんな大人の幸せ、大人にしかわからない静かな愉しみが、この宿の中にある。

夏の暑い日。ロビーには氷が生けてあった。つる草の青葉を纏《まと》った氷柱だ。数時間で消えてしまう儚《はかな》い旬が、心に響く。

簾戸《すど》を通して庭の緑が涼しげに揺れている。そういえば、廊下の非常灯にも特注サイズの簾がかかっていた。2018年の改装で廊下もすべて畳になり、館内はイグサのいい香りがした。

さっそく温泉へ向かう。内湯はそんなに大きくはないが、源泉かけ流しの湯がたっぷりとあふれている。首まですっぽりと浸かれる深めの湯船がわたしは大好きだ。丸みのある木の縁に頭をのせて、お湯のやわらかさに身を委ねる。すべてを受け止めてくれるような優しいぬくもりだ。「はぁー。極楽、極楽」。この幸せは、やっぱり大人のものだ。

野天風呂は男女入れ替えの時間制。この季節は池で蓮の花を眺められるようになっていた。

修善寺温泉の泉質は、アルカリ性単純温泉でpH8・7。つるりと柔らかな肌触り。成分はそんなに濃くはないのだが、肌がすべすべになり、しっかりあたたまる温泉だ。

「お湯はいかがでしたか？　よろしかったら、サロンにお飲み物の用意がございますよ」

湯上がりの廊下ですれ違った仲居さんの言葉に誘われてサロンへ向かう。パブリックとしてゲストが寛げるサロンは、中庭の池を真横から眺める場所にある。煉瓦をモチーフにした白い壁の空間に優しい木漏れ日が差し込んでいる。壁に埋め込まれた本棚には、手に取って眺めたくなるアートブックや、日本文化の古書なども置かれている。趣味がとてもいい。クラシックを聞きながらコーヒーを飲み、デザイナーズチェアに腰かけて能舞台を眺めるのもこの宿らしい。

名物「穴子黒米ずし」は通年で出される

夏の晩餐は、青紅葉の小皿にのった、もろこしのかき揚げと豆鰺の衣揚げから。甘々娘《かんかんむすめ》という静岡産とうもろこしは名前の通りすごく甘い。揚げ立てサクサクで芳ばしい。食前酒にと注がれた地酒をぐびり。温かなもろこしすり流しも甘くてほっとする。意外にも冷えがちな夏の内臓をやさしく温める趣向だ。
お吸い物のために、コンロと鍋が用意される。仲居さんがさささっと目の前で仕上げてくれるのは、鰺たたき吸鍋。鰺がふわふわのつみれになり、さくさくと食感が残る甘いねぎ、気が遠くなるほど美味しい。この美味しさがわかる舌に生んでくれた両親に感謝したくなる。

初夏から夏にかけては、狩野川《かのがわ》支流で育った鮎の炭火焼が登場する。友釣りをしている漁師の鮎を仕入れるそうだ。それゆえ大きさはバラバラ。小ぶりの鮎はふっくら焼けていて、かぐわしいいい香りがする。頭からしっぽまでまるっと味わえる。この苦味の旨さは大人にしかわからないだろうなあ。

例のものは通年出てくる。それは「穴子黒米ずし」。修善寺名物の黒米で何か「あさば」ならではの一品をと始まったこの品は、宿の料理の中の「お約束」になった。ほろほろと口に広がる穴子とこっくりした〝つめ〟、ぷちぷちとした黒米とのコントラストが面白い。

満を持して炊きあがった鮎ごはんが運ばれる。「う〜〜〜」。美味しすぎて動けなくなり、陶然として唸《うな》った。鮎とはこんなに旨味がある魚だったのか。独特のかぐわしさ、ほろ苦さもちゃんと残っていて、はふはふと味わうと脳天まで鮎の美味しさが突き抜けていく。

これは、秋の料理も楽しみだ。絶品の軍鶏《しゃも》鍋の出番が来るから。次の予約を入れたくなる気持ちがよくわかる。また、来よう。堅く心に誓った。

32. 松田屋ホテル（山口県・湯田温泉）――生涯わすれられなくなる「ふく」三昧

「ふく」。山口県では「ふぐ」ではなく「ふく」と呼ぶ。この宿にはとらふぐを最も美味しく味わってもらうための強いこだわりがある。ふく料理を出すのは10月から3月だけ。さばいてから1日以上寝かすことで、アミノ酸やイノシン酸が増し、ポン酢なしでも旨味がしっかり感じられるコクとねっとりした食感を引き出すのだ。旬の時期のとらふぐだけの旨味、香り、身の締まりを味わうからこそ、冬限定の「口福」なのだ。

中はとろとろの焼き白子に悶絶

ふぐ刺しの花が咲く。もっちりと弾力のある歯ごたえ、噛むほどににじみ出るような旨味はスダチを絞《しぼ》るくらいで充分だ。

遠くから漂う魅惑の香り、ぷっくぷくの焼き白子が運ばれてきた。こんがりと焼き目がついた表面に箸を入れると、中はとろっとろ。ぷわーっと広がる甘くて濃厚な旨味は、一度食べたら生涯わすれられない味だ。

どっしりと食べ応えのある唐揚げに続き、ふぐちり鍋。とらふぐは海の猛獣といわれるほど力強い食材だ。食べると体の芯から温まってひと冬は風邪を引かずに過ごせるという。たっぷりと野菜も味わって、仕上げは雑炊で最後の一滴まで残さず楽しみ尽くす。これぞまさしく、ふく料理の王道だ。

一日2000tもの湯量を源泉かけ流しにしている温泉は、アルカリ性単純温泉で、pHが9・1と高く、つるつるとなめらかな感触の美肌湯だ。男女入れ替えで入れる大浴場は2つあり、檜《ひのき》の香りが優しい「花柏《さわらぎ》の湯」と、入口から大きな岩の設えで迫力のある「岩の湯」は、まったく違う雰囲気で気分が変わる。

ぜひ、入ってもらいたいのが家族風呂「維新の湯」。空いていればいつでも入れる貸切風呂である。維新の湯が作られたのは江戸末期の1860年。当時、長州、薩摩、土佐の志士たちは、しばしば松田屋に集結し、この維新の湯に入っていたという歴史的文化財の湯なのだ。深めの湯船をたっぷりと満たす温泉は、空気に触れさせずに湯船の下から源泉を注ぎ込んでいる技ありの造りだ。

宿の中心にある手入れの行き届いた日本庭園には、西郷隆盛、木戸孝允《たかよし》、大久保利通の会見所が残されている。この庭を眺められるのが大正時代に建てられた木造2階建ての本館。部屋のお風呂も源泉かけ流しだ。

この宿で感激したのは、到着から帰るまで、滞在すべてをひとりの仲居さんが担当してくれることだ。到着にあわせて玄関で出迎え、お抹茶をたてて運んでくれる。お茶や食事の支度だけでなく、お布団の上げ下ろしもすべてひとりの仲居さんが担当し、他の人は一切部屋に入ってこない。そして帰る時も姿が見えなくなるまで笑顔で見送ってくれる。これは、３００年つづく宿の伝統、日本旅館ならではのおもてなし文化だ。

33. 山人―yamado―（岩手県・湯川《ゆかわ》温泉）―地鶏と野菜が素晴らしい魔法の美食の宿

食べれば食べるほど西和賀町《にしわがまち》が大好きになる、魔法の美食を出す宿がある。西和賀町の湯川温泉まで行くには、一日8本しかないローカル列車に乗って「ほっとゆだ駅」まで行く。「山人《やまど》」は山里の自然の中にある12室だけの宿である。

西和賀町の豊かな里山の恵みは、雪深い冬の厳しさがあってこそ。山に降った豪雪はゆっくりと溶けて大地へと染み込みミネラル豊富な水を生み、美味しい作物が育つ土壌をつくる。

宿のご主人・髙鷹《こうたか》政明社長は、地元の若手農家や生産者と一緒に地域を盛り上げようとさまざまな挑戦をしている。近年では、ブランド地鶏の南部かしわの飼育に成功し、さらに、町との共同事業として、南部かしわを最も美味しい状態で食べるための加工場も作った。「ついに美味しい西和賀の南部かしわをグリル料理で出せるようになったんです」。南部かしわのグリ

バーニャカウダは絶品だ

ルは山人の看板料理になった。

　こんこんと流れる清らかな水と、緑豊かな山から吹いてくる風が通る、気持ちのいい場所で、南部かしわは、地元の美味しい穀物を食べ、ストレスなく自由に放し飼いされて育てられている。山人の柴田繁料理長は、これを塩麴に漬けて焼き、地元の蜂蜜でこんがりと仕上げる。もっちりとしたジューシーな味わいがあって、口の中でほろほろと柔らかくほどけてじんわりと旨味が広がる。

「ついつい、たくさんお出しし過ぎてしまうんです」と語る料理長の笑顔は、見ているだけで美味しいものが出てくるとわかる。

　山人農園の野菜や山菜をたっぷりと味わえる「山人特製バーニャカウダ」は、特製ソースが決め手だ。和風の料理に合うようにと、アンチョビではなく、地元の岩魚《いわな》を塩漬けにして使い、ニンニクは焼いてから入れる。これにより風味はあるのに匂いが残らない。「他にも何か隠し味とか入れてるんじゃないですか?」「うーん。これ以上は企業秘密ですから」と、そこまでしか教えてもらえなかったが、とにかくその季節でいちばん美味しい野菜にソースをつけてダイナミックに食べる。春先にはしどけや蕗《ふき》など山菜もバーニャカウダで味わう。

各部屋に源泉かけ流しの温泉があるが、貸切で入れる野天風呂「湯場一寸《ゆばいっすん》」が気持ちいい。小鬼ヶ瀬川《こおにがせがわ》へせり出すように作られた温泉は、あえて屋根をつけず、自然の中で、川のせせらぎや森の木々が揺れる風景を楽しみながら入る。

湯川温泉の泉質は単純温泉で、pH7・5の弱アルカリ性だ。肌に薄絹《うすぎぬ》を纏《まと》うようにふんわり優しい肌触りで何度でも入りたくなる。

34. 由布院《ゆふいん》 玉の湯（大分県・由布院温泉）――清々しい空気とクレソンの鴨鍋を味わいに

「玉の湯」は不思議なところだ。どんなにたくさんの人が由布院温泉の通りを歩いていても、どんなに由布院の町が賑わっていても、宿の敷地に一歩入ると、ぴたっとその喧騒は遮断され、森の中に湧く清らかな泉を見つけたような清々しい気持ちになる。時折、無性にこの空気に触れたくなって、玉の湯へやってくるのだ。

フロントでチェックインして、回廊を進む。部屋にたどり着く頃には、憂き世の鎧《よろい》はすべて消え去っていて、ぽつんと素の自分だけがそこにいる。

さて、まずは温泉だ。大浴場は、庭を眺める内湯と露天風呂がある。透明で清らかな湯はこ

山盛りのクレソンがたまらない

の宿に似合う。泉質は、単純温泉。弱アルカリ性のやわらかな温泉だ。「ふぅ〜〜〜」。ほとんどの人は、温泉に入ってこう息を吐いてしまうに違いない。程よい温度にかけ流されていて、眠ってしまいたいほど心地よい。

この宿はいわゆるすべてが整った高級旅館かというと、少し違う。もっと軽やかでさりげないというか、いい意味で、ほうっておいてくれる。部屋は別荘のような雰囲気で全室に木の内湯があり、源泉かけ流しの温泉に入れる。

メイン料理は4種類の中から選べるのだが、玉の湯へ泊まるとどうしてもクレソンが食べたくなる。合鴨肉の甘味のある脂と、シャキシャキのクレソンの歯ごたえ、ほんのり上品な苦味が出汁にからんで、これまで食べたことのない美味しさだった。それ以来、もう、条件反射のように、わたしの中では、玉の湯イコール、山盛りクレソンの合鴨鍋なのである。

朝食は洋食と和食が選べるのだが、これも、毎度のことながら洋食を選んでしまう。理由はクレソンのスープが飲みたいから。もう、どれだけクレソンが好きなのかと、笑われそうだが、わたしが最初に玉の湯に泊まりに来たのは、朝食に出るクレソンのポタージュに憧れてのことだった。それは由布院の通りにお店もまばらだったころのことだ。

玉の湯の〝伝説〟とも言うべきクレソンのポタージュは、ぎゅっと詰まった緑の味わいが広がり、ほわ〜んとまろやかな余韻が残る。サクサクのトーストは別府温泉の老舗「友永《ともなが》パン屋」の食パン。由布院ジャムや牧場のフレッシュチーズ、地元産のロースハムや卵料理と、ここを訪ねた当初と何ら変わらないわたしの理想の朝食だ。

先日泊まった時のことである。「お一人さまプラン（お部屋おまかせ）」で予約したので、どの部屋になるかは行ってみてからのお楽しみだった。「今日は、以前にもお泊まりいただいたことがあるお部屋ですよ。少し懐かしいかもしれません」とスタッフに案内された。通されたのは、なんと、20年以上も前に、クレソンスープに憧れて初めて泊まった部屋だった。記憶がよみがえってきて、とても懐かしくうれしくなった。……ん？ ちょっと待って。当時は今のような旅行作家人生を送るようになるとは自分自身でさえ思いもしない、東京の単なるイチOLだったのだ。なぜ、同一人物とわかったのか？ それこそが〝玉の湯マジック〟なのである。

35. 明神館《みょうじんかん》（長野県・扉温泉）――五感を刺激してやまない進化形ナチュレフレンチ

テロワールという言葉がある。その土地の味、土地が持つ個性。「明神館」がある松本地域のテロワールを料理と温泉で楽しめるのが明神館だ。

すべての料理は松本の自然からのインスピレーションですと、田邉真宏《まさひろ》シェフは言う。フレンチ出身のシェフだが、KUSHIマクロビオティックの認定シェフでもある。オーガニック、マクロビを極めた先に行き着いたのが、松本という土地に根付いた進化形のナチュレフレンチだった。

ところで、わざわざ旅にでかけて何を食べるのが最も美味しいのかと考えると、地産地消を超えて身土不二《しんどふじ》に行き着くように思う。地元の旬の食べものこそが体に良いということだが、旅にでかけたら、その時に、その土地でいちばん旬のものを、そこにいる間に食べたいと思うからである。

松本駅から宿へと向かう途中に自家農園「扉農場」がある。畑は創業者の代から引き継がれてきたもので、JAS有機認定を取得している。土の力で育つ高原野菜にはしっかりとした力強さがある。

田邉シェフは畑で生産者とともに素材と語り合い、その日のメニューを決めるという。この日収穫したカラフルな人参は低温調理で甘味を引き出し、メインの伊達鶏《だてどり》と合わせた。肉厚ジューシーな伊達鶏は丸ごとフライパンにのせ、皮をぱりっと焼いて旨味を閉じ込める。その後、オーブンでじっくりと火を入れて肉汁たっぷりのメインディッシュが出来上がる。

料理は、食感、香り、味わいの組み合わせが斬新で、五感がどんどん刺激される。松本産のキクイモは、ぷりぷりの帆立と合わせた。アンチョビ、玉葱、エシャロット、ブラックオリーブをほろ苦いふりかけ状にしてトッピングする。カリカリとしたふりかけと、ぷりっとした帆立、シャキシャキのキクイモ。異なる食感と味わいが交錯して悶絶級の美味しさだ。

扉温泉の名前は、神話からきている。かつて、このあたりは、神様たちが湯治をする温泉だった。天の岩戸を担いだ天手力男命《あまのたぢからおのみこと》も、温泉でゆったりとした気分になって岩戸を忘れて行った、それが扉岩だという伝説だ。なんとも微笑ましくて、わたしはこの逸話が大好きだ。

扉温泉はアルカリ性単純温泉。ストレスによる自律神経の乱れを整えてくれる。立ち湯「雪《せっ》月花《げっか》」は、わさび沢の渓谷へと大きく開口した半露天風呂だ。まるで絵画のように渓谷の自然を切り取り、湯面に映し出す。湯船の手前は浅く、半身浴ができる。奥へと進むと立って入られる深さになり、渓谷ぎりぎりまで進めるのだ。身も心も自然の中へ投げ出すような気分で、全てを温泉へリリース。

これぞ忘我の湯である。

肉汁がたっぷりの伊達鶏

36. アルカナ　イズ（静岡県・湯ヶ島温泉）——食材の宝庫・伊豆半島の恵みへの招待

宿は進化する。宿のシェフが糸井佑磨《ゆうま》さんに替わった。オーベルジュの宿というのは当然ながらシェフありきである。新しいシェフを迎えて料理を一新するということは、つまり大リニューアルオープンのような大きな出来事なのだ。

大きなカウンターでフレンチを楽しむ。目の前で料理人が調理するライブキッチンのスタイルを切り拓いたのは、「アルカナ　イズ」だった。

糸井シェフの料理は、伊豆への旅だ。テーブルセッティングの前には、木の枝に差し込まれた〝招待状〟が置かれている。最初に運ばれてきた前菜は「伊豆の恵みのタパス」。アルカナの敷地にある樹木から剪定《せんてい》した枝を活用して糸井シェフが創作したオブジェに、森の住人に見立てた料理が潜んでいる。

「最初の一杯は、メゾン・アンリ・ジローのエスプリ・ナチュールなどいかがでしょうか」。ソムリエがすすめてくれた一杯は蜂蜜を想わせる芳醇な味わい。かすかに森の香りがして、テーブルから眺める夜の森のようだ。

清流に育つアマゴの燻製とその卵であるプチプチの黄金いくら。海からはサバフグのカダイフ揚げ、修善寺名物の黒米と水だこのクロケット、濃厚な味わいの天城軍鶏のレバーペースト、うなぎの白焼きは天城のわさびで。

伊豆の旅への招待状を開いてみる。伊豆半島の地図の中心に「アルカナ　イズ」が配され、そして今夜出会える食材がイラストで描かれている。食で旅する伊豆半島の美食の始まりに心が躍る。相模湾、駿河湾という生態系の異なる伊豆半島の東西に広がる海、標高1000m級の天城のワイルドな山々。伊豆の真ん中を流れる渓流、豊かな水と潮風を受けて育つ野菜や果物。肉も卵もこだわりのつくり手がいる伊豆半島は、食材の宝庫だ。

「伊豆の恵みのタパス」は森のオブジェ

チョウザメの自家製キャビアをのせた伊豆の金目鯛は、ふんわりとした食感で繊細な味わい。まわりをお花畑のように彩るのは、伊豆半島や富士の麓のこだわり農家が育てる野菜である。優しい味わいが金目鯛の美味しさを引き立てる。

渡辺歌子さんが天城で飼育する地鶏のぷるんとした卵は牛蒡とトリュフで味わう。牛蒡の風味に負けない濃厚な地鶏卵をトリュフの香りが包み込む。アカザ海老はカリフラワーの泡と柚子のアクセントで。ふわふわとぷりぷり。相反する食感が面白い。

3種類から選べるメインディッシュは、伊豆鹿を選んでみた。絶妙に火入れした伊豆鹿の赤身肉はサイドにビーツと赤キャベツがあしらわれて情熱的な赤の一皿に仕上がっていく。目の前で自分のための一皿が出来上がるのは、とても幸せな光景だ。

宿は狩野川の渓流を見渡す場所に立ち、豪快に流れる水音がBGMだ。大浴場はなく、全室に専用の温泉がついている。湯船は深めで首まですっぽりと入れる。湯ヶ島温泉の泉質はナトリウム・カルシウム―硫酸塩泉。ひたひたと潤いが肌に染み込んでくるような美肌の湯だ。

チェックインが15時で、チェックアウトは13時、22時間もステイできるので翌日ものんびりできる。

37．陶泉《とうせん》 御所坊《ごしょぼう》（兵庫県・有馬温泉）
―肉人生を左右する出来事になる料理

「御所坊」の料理は、どれもこれも、しみじみと美味しい。山家料理の原点は、まるで武士道のようだ。本当に質の良い素材だけを使い、素材としっかり向き合って、いちばん美味しい方法で調理する。何よりも自分が本当に食べたいと思える料理をお客様にも出したいという強い思いが貫かれている。「純金にメッキは要らないやろ」。ご主人の金井啓修《ひろのぶ》さんの言葉は衝撃だった。良質な素材こそが美味しいものの原点なのである。

米も野菜も宿の自家農園で栽培しているが、「自家農園の有機野菜でございます」などと説明したりしないのも武士道のようで清々しい。魚は、瀬戸内海の最も美味しい魚が集まるといわれる明石浦漁港に、神戸の旅館として唯一出入りを許されていて、調理長がせり落として仕入れてくる。

神戸牛と但馬玄、最高の和牛を食べ比べ！

金井さんと出会えたことで肉に対する概念が大きく変わった。たとえば、野菜であれば、どんな畑で、どのように育てているかとか、無農薬なのかとか気にして食べているが、はたして肉はどうか。どのようなものを食べて、どんな環境で、どのように育てられたかということが大事なのではないか。確かに、その通りだ。

御所坊に泊まる時は、ぜひ、「神戸ビーフ・但馬《たじま》玄《ぐろ》〜極上牛食べ比べ付き山家会席」の夕食を味わってみてほしい。きっと、その後の肉人生を左右する出来事になると思う。

神戸ビーフは世界が憧れる日本牛肉のスーパーブランドだ。

日本では牛肉に霜降りの「さし」が入るほど評価が高くなるので、アメリカから輸入したコーンなどで育てるのが一般的だ。一方、但馬玄は、和牛原種の但馬牛をそば殻《がら》や胡麻など日本の食材で育てている。成長には時間がかかるが、健康的に育ち、旨味がたっぷりで、ふわっと溶けるさっぱりした脂になる。牛肉でありながら不飽和脂肪酸を多く含むため、後に残らない軽やかな味わいになるのだ。

有馬温泉には7つの泉源がある。地球科学の世界でも「有馬型」と称されるほど特別な温泉で、地中の深いところと繋《つな》がっていると考えられている。

御所坊の「金郷泉《こんごうせん》」は、宿の裏の御所泉源と妬《うわなり》泉源の湯を混合させ、源泉かけ流しで注いでいる。泉質は、含鉄―ナトリウム―塩化物強塩泉。赤褐色の超濃厚な温泉は、塩分、鉄分、炭酸ガスを大量に含んでいて肌触りはやわらかだが、この湯に入ると、これまで届かなかった体の奥深くまでしっかりと温まってくる感じがする。体の芯というよりも、さらに骨の髄まで地球の力で温められているようなパワフルな温泉だ。

38. 三水館《さんすいかん》（長野県・鹿教湯《かけゆ》温泉）――大地の生命力を丸ごと食す名物「摘み草鍋」

人生でこんなに山盛りの草を食べたことはない。「三水館」の春の名物「摘《つ》み草鍋」を食べに泊まりに行った。セリ、ナズナ、三つ葉、クレソン、アサツキ、ニラ。「これで2人分ですか?」テーブルを間違えたのではないかと、恐る恐る聞いてみた。「はい。お2人分です」。大きな木桶に緑の草がてんこ盛り。果たして食べきれるのか……。ところがどっこい、心配には及ばなかった。

鍋が煮立ったら鶏肉と鶏ひき肉、そして豆腐を入れる。程よく火が通ったところで山盛りの摘み草を一気に投入。シャキ、シャキ、シャキ。噛みしめるごとに鶏の旨味に包まれた緑の味わいが口中を満たす。ちょっと苦い、ちょっと辛い、でも、そこがたまらない。ちょっと甘い。絶妙のタイミングでほんのりニラが香って後を引く。気が付けばフィナーレの雑炊だ。こうして目の前の鍋は見事にからっぽになった。

大地の生命力を丸ごと食べる「摘み草鍋」

摘み草鍋は、季節をいただく料理だ。春になると田んぼのあぜ道にクレソンやセリが生えてくる。ナズナや三つ葉、アサツキやニラもすべて隣の村に地生するもの。それらが毎日大量に搬入されるわけだ。

それだけでもすごいことなのだが、実は採ってからの下ごしらえがいちばん手間がかかる。きれいに洗い、汚れやごみを丁寧に落とし、美味しい部分だけが摘み草鍋になるのだ。苦味も香りも味わいもすべてが濃い。「春の野草は冬の大地から生えてくる力がありますから」。摘み草鍋は大地の生命力を丸ごといただく料理なのだ。

三水館は鹿教湯温泉街から少し離れた山里にある。玄関を入ると土間と吹き抜けの空間に薪ストーブが燃えている。本館は古民家を移築して再生した建物だ。ナチュラルな空間のラウンジは、街角のカフェのようで居心地がよく、ついついここで長居をしてしまう。宿での過ごし方は、看板猫のみーちゃんがお手本だ。のんびり気ままにマイペース。みーちゃんは達人である。

温泉は2つある大浴場を男女入れ替え。雰囲気の違う露天風呂と内湯がそれぞれにある。丸い露天風呂は中央に温泉が流れる石柱が立つ。この柱に寄りかかってみると肩や首に熱めの温泉が流れてとてもいい具合。コリがほぐれてスッキリだ。泉質は弱アルカリ性の単純温泉。自律神経のバランスを整えてストレスをリリースする癒しの湯である。

【第5章】　日本文化を楽しむ宿10軒

39. 岩惣《いわそう》（広島県・宮島温泉）——ここに泊まらないと宮島の本質はわからない

この宿へ泊まるようになって、宮島の本質の奥深さにどんどんはまっていった。「ああ、宮島ね。厳島《いつくしま》神社がすごく素敵でした」などと、それで宮島に行った気分になっていたら大間違い。わたしを宮島の虜にした仕掛人は「岩惣」の女将・岩村玉希さんだ。

宮島はかつて、ひとつの巨大な石だったという。長い歳月をかけて風化し複数の岩山へと分かれ、神々しい稜線《りょうせん》をもつ島の形へと変化していった。その姿は大変美しく、島そのものが神として信仰されていたので、厳島神社の神殿は島の上では畏れ多いとされ海中に建てられたのである。かつては、島に上陸することさえ限られた人にしか許されなかった。厳島神社の奥には霊山・弥山《みせん》がそびえている。そこには手つかずの原生林が広がっているが、弥山そのものが御神体であり、弘法大師によって霊場が開かれた。

弥山の魅力を知るようになったきっかけは、女将の一言だった。「弥山にはもう、登られましたか？」。岩惣は、紅葉谷《もみじ》の入口に立っている。宮島ロープウエーなるものがあるのは知っていたが、それは単に展望台に行くためのものではなかったのだ。さっそく、紅葉谷を歩き、ロープウエーに乗って弥山へと向かった。ロープウエーの窓から広がる瀬戸内海は、きらきらと輝き、宮島の原生林の濃い緑と相まってとても眩《まぶ》しく感じた。

ロープウエーの終点獅子岩駅から弥山詣への道は、想像をはるかに超えるワイルドさだった。山の磁場の力がすごくて、道沿いの木々もぐるぐるに捻じれている。宮島では、樹木は切らないし、巨石、大小の石は絶対にそのまま使用し、傷つけたり割ったりしないとされているので、ごろごろとした巨石の間を縫うように聖地の道を歩く。弥山本堂には霊火堂《れいかどう》があり、弘法大師が焚いた火が１２００年後の今にいたるまで焚かれ続けている「消えずの火」がある。

さらに険しい登山道は続き、巨石がごろごろしている頂上へ到達すると、三百六十度の視界が開ける。かの伊藤博文が言い切った言葉に、「日本三景の真価は頂上の眺めにあり」がある。神の山弥山の力に触れ、頂きまで登らずして、宮島の風景を見たと言ってはいけないのだ。

「厳島神社の観月能《かんげつのう》は素晴らしいですよ」。１年がかりで計画してプラチナチケットをなんとか入手してもらい、観月能を鑑賞するために岩惣へ泊まった。十四夜の月に照らされた夜の厳

尽きせぬ魅力を秘めた宿

島神社は、鳥肌が立つほどの幽玄な世界だった。海の中の能舞台にだんだんと潮が満ちてくる。「潮の具合をみておりますので、10分後の開演とさせていただきます」。人間国宝の友枝昭世《ともえだあきよ》さんの舞う能のフィナーレを、満ち潮の最高潮と合わせるためだ。震えがくるほどの静寂、満ちてくる潮がもたらす地球の鼓動。これを見ずして宮島を語るなかれと、またしても思った。

明治25（1892）年に宮島特有の松「弥山木《みせんぎ》」を使って、岩惣の母屋が建てられた。現在は玄関として転用されていて、当時のままの空気が漂っている。伝統建築の素晴らしさ、美しい紅葉谷の四季、そして渓流の流れなど、宿の魅力は語り尽くせぬほどあるが、神の島・宮島の中で一晩眠るということの価値がわかってくると、その重みは何倍にもなる。

宿の温泉の水源は地下5mにある。その地下水で湯を仕立てていたが、先々代の女将がこの水は肌がツヤツヤすると言っていたのを思い出して、先代の女将が調べてみたらラドンを含む温泉だったという奇跡。ゆえに、その日を境に温泉宿になった。泉質は単純弱放射能冷鉱泉。体を温めて細胞を元気にしてくれる温泉だ。弥山の原生林の恵みが溶け込んだ泉に優しく包まれて心身を浄める。露天風呂に入ると、周りの岩や渓流や空気まで、すべてに癒される感覚になる。

秋から冬にかけて、特に美味しくなる宮島の牡蠣を焼き牡蠣で味わった。七輪の炭火の上で仲居さんが絶妙の火入れをし、ぱかっと殻をあけると、ぷっくりとした牡蠣が顔を出す。く〜〜。レモンをさっとかけてほおばると、ぷるんとクリーミーな甘さが弾けた。

40. 向瀧《むかいたき》（福島県・会津東山温泉）――建物と庭と温泉、すべてが揃う名宿

日暮れとともに刻々と変わる中庭の情景。部屋の電気を消して広縁の椅子に腰かけ中庭を見下ろす。115本の竹灯籠から灯りが放射されてチラチラと揺れる雪紋様が、くっきりと浮き上がってきた――。

「この建物と庭、そして温泉を楽しんでいただくことが、この宿の宿命だと考えています」と語る6代目・平田裕一さんの言葉には重みがある。

数寄屋造りの美しい建物はかつて会津藩上級武士指定の温泉だった。明治維新の後、明治6（1873）年に平田家が引き継いで、「向瀧」が創業された。平成8（1996）年に国の登録有形文化財制度が始まり、登録第一号の栄誉に浴した。

宿に向かう道すがら、橋の向こうに、お城の天守閣のような千鳥破風《ちどりはふ》の玄関が見えてきた。雪化粧をした風格のある建物は凛としていて、ちょっと気持ちが引き締まった。中庭を眺めながら回廊を通って客室へ向かう。磨き込まれた廊下、曇りひとつない窓ガラス、毎日毎日大切に磨かれている宿の空気は心地よい。

庭の桜も見事だ、紅葉も美しい。そして、冬にもこの宿を楽しんでもらおうと手作りで始ま

宿の中庭に咲き誇る「雪見ろうそく」

ったのが「雪見ろうそく」だ。青竹を切って、竹筒に穴をあけた竹灯籠も宿の手作り。ひとつ、またひとつと増えて、今では１１５本になった。毎年クリスマスが近づくと、待ち遠しいようにして雪見ろうそくの準備が始まる。中庭が雪で埋まり真っ白な世界となる期間だけの風物詩なのだ。

　雪をスコップでならして、その真ん中に竹筒の灯籠を置き、中にろうそくを灯す。これを、毎日毎日１本ずつ１１５本、すべて宿のスタッフが灯していく。竹灯籠の無数の穴から放射状に光が広がり、大輪の菊の花が開いたような紋様が雪の上に咲き乱れ、ゆらゆらと煌めく幻想的な世界が現れる。中庭は斜面になっている。その周りを囲むように客室棟が階段状に建てられていて、光が行灯《あんどん》のように庭を照らし出すのだ。

　どの部屋からこの光景を眺めようか。毎年、雪見ろうそくはこの部屋からと、決めている常連も多いそうだ。「やっぱり、回廊からも眺めてみよう」。わたしは急いで部屋を出て、階段を下りた。どうやら同じことを考えてやってくるご同輩もいて、ぽつりぽつりと廊下の特等席が埋まっていく。マジックアワーと呼ばれる最も美しい瞬間が迫っていた。

夕暮れと夜の間——黄昏時と呼ばれる時間がやってきた。空が深いブルーから紫紺へと変わって行くと、雪見ろうそくの灯りが、次第に輝きを増していく。美しい雪紋様が幾重にも現れて雪の庭は大輪の花でいっぱいになった。

少し寒くなってきたので、温泉へ向かう。伝統の「きつね湯」は、湯船の中の温度が44～45℃ある。冷えた体には痛いほどの熱さだが、かけ湯を何杯もして、気合いを入れて湯船へ浸かる。「あ～～～」。じんじんと温泉パワーが染み渡る。

きつね湯は自然湧出する自家源泉を、湧き上がるそのままの力で動力を使わずに湯船まで注ぎ込んでいる。源泉温度は56・2℃。注ぎ口から一度桝《ます》にためて、また注ぐという独特な湯口の形をしている。温泉は無色透明だが、桝形になっている湯口全体がオブジェのようになるほど温泉成分の結晶がびっしりとついていて、その濃さが実感できる。

泉質はナトリウム・カルシウム—硫酸塩・塩化物泉で、pH7・7の弱アルカリ性。じんじんと骨の髄まで温まる。つるりとした感触で肌をしっとりと保湿。傷の湯とも呼ばれ肌の修復力を高めるので、会津藩の武士たちにも重宝されたのだろうと思う。

いい宿だなあと感じる指標は、写真に収めたくなるような絵になる場所がどれだけあるかに関係すると言われている。

41. 湯元　長座《ちょうざ》（岐阜県・福地温泉）――そこには奥飛騨の暮らしが待っている

道から玄関へと続く回廊に「長座」と書かれた提灯が下がっている。宿へと至るアプローチから、奥飛騨を楽しませる演出はすでに始まっているのだ。回廊の突き当りには水場と囲炉裏を備えた小屋があって、山の水を飲むことができる。こうした導線のすえにたどり着くのが古民家の宿だ。大きな庄屋屋敷の建物に迎えられるのだが、いかにも奥飛騨の暮らしが待ち受けていそうな予感がする。

「現代の生活をしている人たちが寛ぐためには、古いだけではだめ」と、「湯元　長座」の創業者の小瀬《こせ》武夫さんの言葉が心に残る。山間部の農村だったこの地域に湧く温泉を生かして、村のくらしを元気にしようと宿を始めたのは50年以上前。奥飛騨の暮らしを味わってもらえる宿にしようと雰囲気を創り上げ、福地温泉を人気温泉地へと押し上げた。

玄関を入ると囲炉裏のある大きな客間が現われ、周りには獣の毛皮が敷かれている。絵になるなあ。でも、奥には椅子に座ってコーヒーを飲める宿のロビーがある。このあたりのさじ加減が絶妙なのだ。

宿のどこをとっても完璧な和みの演出。癒しをもたらす照明の色、明るさ、配置。古民家の雰囲気に馴染む色合いと風合いの家具……。すべてがごく自然に調和している。

宿の内湯は荘厳な湯屋造り。たっぷりと注がれる源泉かけ流しの温泉は、まるで表面張力があるんじゃないかと思うほどハリがある。木漏れ日の光に包まれて温泉に入れば、体の細胞が喜んでいるように感じる。泉質は単純温泉、つるりとした感触で肌をなめらかに整える美肌の湯だ。内湯の奥には大きな露天風呂もあるが、雪の日は笠をかぶって入る。それも奥飛騨の風情を楽しむひとコマだ。

食はもちろん、どこを取っても絵になる

温泉は福地の共同源泉1本とこの宿独自の自家源泉が3本。館内には貸切温泉もあり、ひとつひとつに内湯と露天風呂がある。森の小道を歩いて行く「かわらの湯」は渓流の水音をききながら心身をデトックスできる温泉だ。ミネラル豊富で飲むこともできる。泉質はナトリウム—塩化物・炭酸水素塩泉。つるつるとした優しい感触なのだが、高いところから流し落としている湯口に目を向けると、湧出物やバイオマット（微生物がつくる被膜）でモンスターのようになっている。「実はなかなかの強者《つわもの》温泉じゃないか」と、温泉好きはこういうところに喜びを覚えてしまう。

夕食も朝食も囲炉裏端で楽しむ流儀だ。夜は魚と肉による幸せのダブル攻撃となる。最初は川魚や地鶏を炭火で焼く串焼き。好きなあぶり具合をあれこれと模索するのがまた楽しい。次に鉄板が炭火の上へドンと置かれて、里の野菜と一緒に厚切りの飛騨牛を鉄板焼きで味わう。

42. かよう亭（石川県・山中温泉）――良質な湯、渓谷の散歩、こだわりの食

「かよう亭」は10室の宿である。この宿の部屋にいると日本建築は美しく、気持ちがいいとひしひしと感じてくる。畳にごろりと横になれば、なんだか懐かしいような思いが満ちてくるし、障子の光は優しく穏やかで、すっと目をひらけば渓谷の緑が飛び込んでくる。

浴衣に着替えて、温泉へ行く。たとえ露天風呂が付いている部屋に泊まったとしても、やはり、最初のひと風呂は大浴場がいちばんだ。ゲストの到着にあわせて、心地よい温度に整えられた新鮮な湯は、なによりのご馳走である。ざぶんと湯船に浸かって手足を伸ばし、源泉かけ流しの一番湯を楽しむ。

山中温泉の湯は、なんともいえず、ふんわり柔らか。優しく肌を包み込んでくれる。無色透

明の美しい温泉だが、湯口ではほのかに温泉の香りがする。泉質はカルシウム・ナトリウム—硫酸塩泉、肌に水分を運びしっとり潤いをもたらしてくれる美肌の湯だ。源泉温度は48・3℃。注ぎ込む湯量によって湯船の中を程よい温度に調整している。

内湯から外へ出ると、露天風呂がある。渓谷に突き出たような場所にあって、湯船に入れば緑の中に浮かんでいるような気分になる。かよう亭は敷地1万坪を有し、温泉や部屋から見える場所はすべて宿の土地だ。それゆえ、ゆったりと露天風呂で景色を楽しめるのだ。

これが日本一とも言われる朝ごはん

ひんやりした空気と温泉の温もりが心地よくて、ずっと入っていたい気分なのだが、そうはさせてくれない。新鮮な温泉は想像以上にパワフルで、すぐに体の芯まで温まってぐっとくる。歴史を重ねた名湯とはそういう不思議な力を持っている。

ちょっと人恋しくなったら「古今さろん」へと足を向ける。かよう亭リビングと呼ばれている場所だ。本を読んだり、ハーブティーを飲んだりしていると、仲居さんが話しかけてくれたりするし、他のゲストとおしゃべりしたりすることもある。

宿の横の道を下れば鶴仙渓《かくせんけい》だ。ここは、もはや、宿の大きな庭。渓谷の散歩道をぶらぶらと歩くのは、かよう亭に泊まることの一部のようなものである。手つかずの自然が残る渓谷はダイナミックだ。道に覆いかぶさるように茂る緑、ざあざあと音を立てて流れる川。山中温泉は温泉街散策も楽しいが、こうしてふらりと浴衣で大自然の中を歩けるのも魅力だ。

かよう亭の朝ごはんは、なぜ日本一と言われるのか。特に珍しいものが並んでいるわけではない。

この宿の食事は素材へのこだわりがとても強い。朝ごはんのメインイベントは焼き立てふわふわの卵焼きだ。もちろん、ものすごく美味しい。しかし、これが只者ではないのだ。卵はセイアグリーの健康卵しか使わない。その卵は、命ある卵。添加物、薬品を一切使わない自然のエサで健康的に育てる鶏の有精卵なのだ。卵かけごはんにすると、黄身を箸でつまみ上げても割れないほどの弾力に驚いた。

小さな炭であぶって食べるパリパリの海苔。合鴨農法のツヤツヤごはん。ひとつひとつの素材へのこだわりを、逐一説明する宿ではない。しかしながら、自らが納得した素材しか使わない。そんな折り目正しくて美しい日本の朝ごはんは、しみじみと美味しく、ほっこりと幸せにしてくれて、やっぱり日本一の朝ごはんなのである。

43．よろづや（長野県・湯田中温泉）——伽藍《がらん》建築をイメージした国民的財産の大浴場

宿の大浴場「桃山風呂」が忘れられない。浴室の総面積は２００㎡もあり、大きなお寺のお堂のような荘厳な雰囲気の中に、巨大な湯船がどんと陣取っている。たっぷりとかけ流される温泉が、湯船の縁から滔々と流れている。その情景のあまりの美しさに魅了された。

桃山風呂は国の登録有形文化財に指定されている。登録有形文化財の看板をよく見ると、こんな文字が記されている。「この建造物は貴重な国民的財産です」。まさに、そうだ。この温泉は国民的財産だと思う。

桃山風呂は、昭和28（１９５３）年９月に安土桃山時代の伽藍建築をイメージして建てられた。設計は日劇や善光寺納骨堂を手掛けた沖津清氏で、社寺建築の宮大工たちを集めて３年の歳月をかけて造られた。

宿の建物だというのに、まるで神社仏閣のようだ。脱衣室はここを訪れた旅人たちが貼っていったという千社札でいっぱいだ。内湯は大きな楕円の湯船。右奥にある巨大な岩の迫力が湯殿に重みを与えている。湯船の縁や床には白御影石《しろみかげ》とも呼ばれている稲田石が使われ、つるりとした感触が心地よい。湯船の容積は24ｔもある。それをかけ流しの温泉で満たしているのだ

まるでお堂のように豪壮な大浴場

から、とてつもない湯量が必要だ。3カ所ある自家源泉から毎分253ℓの湯が湧き、桃山風呂はもちろん、全館の湯船を満たしているそうだ。

温泉に浸かって天井を見上げると、折り上げ格天井《ごうてんじょう》の細工が迫ってくるようで、寺のお堂の中にいるような気分になる。窓の上はひし形の欄間になっていて、現代の目で眺めても日本建築のデザインとは、なんとモダンで美しいものかと思ってしまう。

さらに驚きは庭園露天風呂だ。この〝お堂〟から屋外へ出ると、日本庭園が広がり、なんと、その下がすべて露天風呂になっているのだ。ライトアップされた夜の庭園露天風呂も美しいが、最も感動的なのは、朝湯だ。寒い冬の朝、太陽の光が差し込み、湯けむりを照らし出す。神様が降臨したかのように神秘的な瞬間である。

泉質はナトリウム—塩化物・硫酸塩泉。弱アルカリ性でやわらかく、優しく寄り添ってくるような温泉だ。肌に潤いを与え、体の芯まで温める美肌の湯である。

昭和14（1939）年に建てられた数寄屋造りの松籟荘《しょうらいそう》の部屋にはぜひ泊まってほしい。こちらも登録有形文化財で、宮大工の細工がとても美しいのだが、理由はもうひとつある。それは松籟荘専用の厨房で作られる特別懐石料理がすばらしいからだ。信州牛のローストビーフや冬のすきしゃぶが美味しい。信州の野菜や山菜もふんだんに使われ、飾り切りや季節のあしらいが彩りを添える。

大きな宿だが、朝、ロビーではクラシックを聴きながら、挽きたて淹れたてのコーヒーを味わえるなど細やかなもてなしがうれしい。

44. 旅館 花屋（長野県・別所温泉）――建築もすごいが、やっぱり松茸でしょ

わたしが別所温泉へでかけるのは9月下旬から10月上旬というのが恒例になってきた。理由は松茸。この宿で食べた焼き松茸に心を奪われ、秋風が吹くとその香りを思い出して誘われてしまうのだ。

別所温泉の近くの山に赤松林があり、松茸の名産地になっている。その年の気候や温度などによって左右されるので、地元産の松茸が不作の年は国内外産になることもあるが、もちろん厳選されたものだけだ。宿が吟味した松茸を味わう松茸尽くし会席は超絶的に美味しい。

四季を有する日本という国に生まれ、季節を楽しむＤＮＡを持っているのだから、ものすご

香りもご馳走。これが魅惑の焼き松茸！

く美味しい旬の食材は、一流の料理人の手で美味しく仕立てられたものを年に一度だけ満喫する。そんな旅の愉しみがあってもいいのではないか。

大正6（1917）年に創業し2018年に102年目を迎えた。宿の建物のほとんどが登録有形文化財。入口は大きなお屋敷のような雰囲気だが、中へ入ると素晴らしい庭園になっていて、桜、つつじ、紫陽花などの花々や紅葉も美しい。

6500坪の敷地に総計1500坪の木造建築が点在する。それを結ぶ庭の中の渡り廊下が見事だ。切妻造りの屋根、丸柱と丸太の桁が支える数寄屋造り、庭木を愛で、池の上を通り、部屋や温泉へ行く。宮大工の技と遊びが随所に感じられる部屋は、ひとつひとつの間取りが異なり、今度はどの部屋に泊まろうかと考えるのもワクワクする。

なんといっても温泉が素晴らしい。特に気に入っているのは大理石風呂だ。大正浪漫を想起させるステンドグラスと大理石の浴室に、程よい大きさの大理石の湯船が幾つもあるのだ。それぞれの湯船に源泉が100%かけ流し。温泉には微細な湯の花がふわふわと舞っている。綿菓子のようにやさしく肌を包む温泉に、身も心もうっとりだ。

泉質は単純硫黄泉で、pH8・8のアルカリ性。肌代謝をサポートし、嫁入り前には別所の湯に入れと言い伝えられるほど。しっとりつるつるの肌になる美肌の湯だ。

レトロな雰囲気のロビーの奥には売店がある。実はこの宿は信州の銘菓「みすゞ飴」の飯島家と南条家が立ち上げた会社が始めた宿だ。百年銘菓の「みすゞ飴」の懐かしく可愛らしい品々が並んでいる。国産果実だけを使い、無香料・無着色。お土産には必ずこれと決めている。

45. 国民宿舎 箱根太陽山荘（神奈川県・箱根強羅温泉）
——驚きの料金であたたかな一夜を享受

ちょっと内緒にしておきたいことがある。それは宿の料金だ。箱根強羅温泉にある登録有形文化財の宿。どんな宿なのか、この文章を読んでみてから、巻末の宿データをご覧いただきたい。あ、最初に見てはだめですよ。

強羅駅からケーブルカーに1駅だけ乗る。データには強羅駅から徒歩5分と書いてあるが、その5分は心臓破りの坂道だ。ケーブルカーの公園下駅に降り立ち、下り坂を30秒歩けば箱根太陽山荘の旅情あふれる建物が見えてくる。3階建ての建物は国の登録有形文化財なのだが、印象的な赤い欄干の渡り廊下で2つの建物が結ばれている。この古き良き可愛らしい宿の佇ま

ガラス天井から光が降り注ぐ「岩風呂」

いに、宝物を見つけたような気持ちになった。

古くからの雰囲気を残しつつ、耐震・非常照明などを考慮した改装を施した。その際に手前の敷地に新しく温泉棟を建てたのだが、これがレトロモダンでとても美しい。歴史があり趣もある客室に泊まり、美しいデザインの新しい空間で極上の温泉に入る——その両極の願いが叶う宿なのである。

新しい温泉棟は総檜造り。異なるデザインの内湯を男女入れ替えで楽しめる。「木風呂」は、木枠の窓からの優しい光に癒される空間だ。珍しい湯口がついていて目が釘付けになった。つづら折りになった木の樋《とい》が壁についている。「なんだ、これは？」。よく見ると源泉の注ぎ口が2カ所、最上段と中間についている。「はは～ん。なるほど」。これは、すごい。これは、面白い。大感激だ。この宿の温泉が極上だという評判の意味が瞬時に理解できた。

種あかしをすればこういうことだ。この宿は大涌谷の源泉をかけ流しで注いでいる。源泉温度は59・2℃、それをできる限り多くの量を、できる限り加水・加温しないで注ぎたいと考えると、季節によって調整するのがとても大変になる。で、このつづら折り湯口を駆使すると、暑い季節には一番上から源泉を注ぎ一、二、三段のつづら折りの木の樋を通過させて少しさまして湯船へかけ流せる。寒い季節には中間の注ぎ口から源泉を流し、熱々のうちに湯船へと注ぎこめるのだ。「この湯は、絶対に悪いわけがない」と確信できる工夫だ。なんという知恵、なんという涙ぐましい努力。こだわりの湯口にほおずりして感謝したくなった。

大涌谷温泉の泉質は酸性―カルシウム・マグネシウム―硫酸塩・塩化物泉。pH2・2の酸性で肌と体を活性化してくれる。硫黄泉と呼ぶには、ほんの少し足りないが、温泉に含まれる硫黄成分で青白い濁り湯になっている。血行を促進して肌はしっとりツヤツヤになる美肌の湯だ。

夜のうちに湯を抜き、毎日完全に新しい湯に入れ替える。早朝に一番湯に入りにいくと、湯の表面に薄い膜ができていることがある。これは温泉の中のカルシウムやマグネシウムなどの成分によるもので、新鮮な温泉が注がれて、しばらく誰も入っていない時に起こる現象だ。「やったー」。温泉好きにとっては、降り積もった新雪に足跡をつけるような喜びがある。

もうひとつの「岩風呂」は八角形のガラス天井と岩のコントラストが斬新でモダンな温泉だ。かつての太陽山荘の大浴場が自然の岩の斜面を利用して作られていて、そのデザインをモチーフにして設計したそうだ。天井から降り注ぐ光で温泉の青白い色が一層美しく見える。

洋室に改装された部屋が2室、和室が11室、広縁に丸窓のある部屋や欄間などの細工が素敵だ。箱根外輪山の風景や明星ヶ岳《みょうじょうがたけ》の大文字が見える部屋もあるし、敷地の松や、赤いケーブルカーがガタンゴトンと行き交う箱根らしい風景を眺められる部屋もある。

宿を切り盛りするのは館主の中山尚子さん。宿の備品が素晴らしい。川端玉章《ぎょくしょう》の日本画や福田浩湖《こうこ》の山水画などを季節や気分で掛け替える。代々受け継いできたものを大切にして季節を楽しむ日本人の心が、この宿には溢れている。

昭和の時代に民間の国民宿舎になった。食事時間になると館内放送が流れ、みんな1階の食堂へ集まってくる。「そんなに豪華な食材は使えないけれど、手間だけはかけています」。そんな中山さんの言葉通り、ひとつひとつ、丁寧に毎日手作りした料理からは、しみじみとした美味しさが伝わる。鮭のきのこ味噌焼きは、ホイルを開くといい香りが広がる。酒粕、甘酒、2種類の白味噌、チーズ、バターの特製ソースが絶品だ。椀物のしん薯《じょ》は小田原の老舗からすり身を仕入れて宿で手作りしている。

46. 忘れの里　雅叙苑《がじょえん》（鹿児島県・妙見温泉）――湯も食も素晴らしい癒しの宿

「ただいま〜」。まるで故郷に帰ってきたような気分で、宿に到着する。この宿に来ると、なんだかほっとするのだ。ここには日本のごく日常の暮らしがあり、日々の当たり前の営みが繰

手彫りの湯船に圧倒される

り返されているような、静かで穏やかな時間が流れている。こんな集落に住んだことはないし、自分の生まれた家でもないけれど、何とも不思議な癒され感に包まれてしまう。

葉っぱの上にのった手作りのよもぎ団子の中は優しい甘さのサツマイモ。地元の鹿児島茶で一服する。部屋に入るとテーブルの上には、葉っぱに書かれたウェルカムメッセージ。小さな野の花が添えられている。数年前に泊まった時も葉っぱのカードに感激したことを想い出し、「また、帰ってきたよ」とつぶやいた。

「雅叙苑」には茅葺《かやぶき》屋根の古民家を移築した部屋が10室。真ん中の小路ではニワトリ一家が散歩をしていた。一軒家の玄関から出入りして温泉へ行ったり、食事に出かけたりする。まるで小さな集落の住人になったように過ごすのだ。

2つの温泉「建湯《たけるゆ》」は、日帰り利用の時間は男女別で、宿泊者だけの時間は貸切で入れる。巨石をくりぬいた迫力の湯船だ。宿の横を流れる天降川《あもりがわ》には、約30万年前の噴火による堆積物である巨大な一枚岩が数多く連なっている。宿のご主人・田島健夫さんは大岩をこの場所に運び、自らの手で石工さんと一緒にコツコツとくりぬいて湯船をつくり、それが出来上がってから、その上に湯小屋を建てた。土地の大地そのものに入るような、見事な温泉だ。湯船の奥へ回り込むと、この一大プロジェクトを成し遂げた石工さんの名前が刻まれている。

建湯は毎日完全にお湯を抜いて、新しい源泉を注いでかけ流しにしている。泉質はナトリウム・カルシウム・マグネシウム―炭酸水素塩泉で、pH6・6の中性。大地のミネラルの豊かさを感じさせるうす濁りの温泉だ。湯口から注がれる湯から泡がはじけている。二酸化炭素ガスを659㎎／㎏含有し、入っていると血行が良くなって、じんじんと温まってくる。

実は宿の奥にはもうひとつ、とっておきの貸切温泉がある。「うたせ湯・ラムネ湯」は、かつてこの地域の人々が利用していた古い温泉場だ。当時の風情を残す造りがたまらない。2つある湯船の奥の方が「ラムネ湯」。自然湧出の自噴泉で、湯船全体から大量に流れ出ているのを見れば、どれだけ豊富に湧いているかがわかる。

「ひゃっほー」。思わずうれしくなって歓声を上げてしまった。温度は体温よりほんのり温かいくらいの「ぬる湯」だ。湯に入ると肌にみるみる泡がついてくる。ぷちぷちと弾けるのがうれしくて、つい長湯をしてしまう。気が付けば二酸化炭素ガスの働きで血の巡りが良くなり、汗が噴き出してきた。

手前にはもうひとつ湯船があり、こちらは建湯で利用している熱い温度の源泉とラムネ湯源泉の混合。仕上げにここで温まる。

宿は自給自足スタイルで食を提供している。宿のゲストのためだけに、直営農場で地鶏を育て、自家菜園で野菜を収穫する。手作りの発酵飼料を食べて走り回って育った元気な地鶏を刺し身や炭火焼で味わい、朝採れの野菜は苦味も甘味もそのまま味わう。ひとつひとつが心から美味しいと思う。こうした日々の暮らしの小さな幸せこそが、本当の贅沢なのだと感じさせる料理だ。せっかくの薩摩の料理には、薩摩の焼酎だろう。ふくよかな味わいが広がる芋焼酎「なかむら」を合わせた。

翌朝は、わたしが愛してやまない雅叙苑の朝食である。野菜がごろごろ入ったお味噌汁。朝採れの青菜のお浸し。お茶碗には、白米と玄米が半分半分で、上にふかし芋が一切れ。クリスマスとお正月とお誕生日が一緒に茶碗に盛られたような幸せに浸っていると、焼き立てのイワシとほんのり甘い卵焼きが運ばれてくる。

47. 名月荘《めいげつそう》（山形県・かみのやま温泉）——お客愛に溢れた進化の止まらぬ宿

いきなり到着から感激してしまった。宿の送迎はないというので駅からタクシーに乗った。降りるときに支払いをしようとしたら、「代金は名月荘からいただいておりますので結構です」。よく見ると料金メーターは動いていなかった。これはすごい。宿にまだ一歩も入ってないのに、

蔵王石をくりぬいた巨石風呂

すでに「惚れてまうやろ」の出来事だ。

後でこっそり聞いてみたら、かみのやま温泉駅に乗り入れている3社のタクシー会社すべてと契約をしているそうだ。つまり、「名月荘へ行ってください」と言って乗った客のタクシー代はすべて宿が支払う仕組みになっているのだ。

ロビーからは、蔵王連山の絶景が見える。ここからの風景が気に入った現会長の菊池敏行さんは、かみのやま温泉の温泉街にあった宿を、少し離れた高台のこの場所へと移転する決意をした。山の稜線から昇る月の美しさを楽しむ宿として名月荘はまさにふさわしい場所を得たのだ。新しくスタートしてから2018年で23年目になる。

離れスタイルの部屋が20室、宿には驚きの戦略がある。部屋数は増やさず、毎年1室ずつ改装する。すると、毎年新しくなった部屋が1つずつあるので、今度はどこが変わっているかしら、と興味津々でまた泊まりに来る楽しみになる。菊池会長は泉のようにアイデアが湧いてくる人だ。常にゲストの様子を見て、宿のあちこちをチェックしている。今度はどんな風に改装してお客様を楽しませようかと、自ら陣頭指揮をとって改装工事をする。

２０１６年に社長となった菊池友伸さんも会長のＤＮＡを受け継いでいる。

たとえば、「都」という部屋だが、和室とリビングの2間だった平屋の屋根を持ち上げて、部屋を増設し、ロフトのような雰囲気のベッドルームを作った。庭を増設して、内湯だった温泉の湯船を外まで広げてしまった。内湯に入ってそのまま半ドアを開けると露天風呂へ出られるコンバーチブル型の温泉だ。湯船の隣には蓋《ふた》を閉めればテーブルになり、蓋をあけると足湯になる仕掛けができた。まさに驚きの連続。ゲストを楽しませようという愛に溢れている。

ゲストを飽きさせない〝楽しい企み〟は部屋や温泉だけではない。庭にある蔵を移築したギャラリーでは、山形のアーティストやデザイナーの作品や工芸品が入れ替わりで展示される。

ここは音響がとてもよく、毎年開かれるクリスマスコンサートはあまりにも有名だ。

ウォークインできるワインセラーがあり、ワインを選んでおくと、夕食までに一番美味しい状態で飲めるようにデキャンタージュしておいてくれたりもする。

自分の家にいる時のようにゆっくりできる。部屋の造りもこの宿を一層魅力的にしている要因だ。和室の隣に洋のダイニングがあり、湯あがりに畳でごろ寝もできるし、椅子とテーブルで食事をし、テレビを見て寛いだりと、まさに、現代の日本の家のライフスタイルをそのまま宿空間に取り入れているのだ。だから、すてきな温泉宿にいながらも、気取らずに好きなように快適に過ごすことができるのである。

食事は部屋食の他にカウンターダイニングも選べるのだが、こちらは料亭のような気分で目の前で料理人が仕上げてくれる。山形の山海の幸、山形伝統野菜など、豊富な素材を楽しむ会席料理。メインは山形牛のステーキだ。

男女別大浴場は青森ヒバと御影石を使った趣のある造りだ。泉質はナトリウム・カルシウム―塩化物・硫酸塩泉。優しく肌を包み、しっとりと潤わせてくれる温泉だ。個性的な貸切風呂も2つある。蔵王石をくりぬいた巨石風呂が圧巻。石の力なのか、ものすごく温まる。スリットの窓を開ければ蔵王連峰や月を眺めながら入浴ができる。

48. さぎの湯荘（島根県・鷺《さぎ》の湯温泉）――新しい別邸に感嘆し、料理に舌鼓

「さぎの湯荘」は創業100周年を機に古民家を移築して別邸を作った。若旦那の田辺大輔さんは、この先、さらに100年続く宿にしたいと考えていた矢先に、出雲で古民家に出会ったという。

鷺の湯温泉がある安来《やすぎ》市には、宮大工や左官などの職人さんがたくさんいる。出雲大社の修繕を支える職人たちだ。移築はすべて地元の職人に委ねることにした。すると、釘を一本も使わず太い梁を組み上げて見事に再建し、新しい命が吹き込まれた。「こんなに楽しい仕事が地

露天＋足湯の見事な発想

元でできるなんて幸せだ」と、とても喜んで仕事をしてくれたそうだ。だから、さぎの湯荘の別邸「鷺《ろ》泉《せん》」には、みんながワクワクしたハッピーオーラが漂っている。

1階はロビーと食事処で、外からの集会や会食にも利用できる。2階へあがると屋根裏部屋風のパブリックラウンジ。館内に響くBGMは、音楽好きのスタッフのセレクションだというが、とてもセンスがいい。チェアで本を読んだり、畳にごろっとしたり、居心地が良くて長居したくなる空間だ。

別邸の宿泊は蔵をリノベーションした離れが2棟。中はメゾネットになっていて、1階が温泉とリビング、2階がベッドルームと、別荘で過ごす気分になる。

部屋の温泉の造りに感動した。露天風呂の隣が足湯になっているのだ。自分のためだけに源泉かけ流しにされている露天風呂から溢れた湯を足湯に横流しして活用しているのである。これは大変賢い。確かにずっとかけ流しにされている温泉はちょっともったいない気がするし、かといって、ずっと温泉に入っていることもできない。これなら2人並んでほっこり足湯で温まりながら、庭や山の風景を眺めておしゃべりも弾む。

源泉は50℃前後でそのままかけ流しができる理想的な温度。泉質は含放射能―ナトリウム・カルシウム―塩化物・硫酸塩泉。体を温めてしっとり保湿する成分もたっぷり含有している。含放射能泉の成分は加温したりすると放出しやすくなるので、源泉かけ流しなら恩恵もそのまま受けられる。

さぎの湯荘には、代々主人が料理人を兼ねるという伝統があって、その料理を目当てに通う常連も多い。若旦那も調理師免許を持ち、器、お酒にも詳しい。「日本海の幸たっぷりプラン」で宿泊すると、ピチピチの刺身盛りがすごい。めばるの姿造りを中心に、かんぱち、鯛、サザエ、甘エビ、鱒、白イカ、紋甲イカ、帆立、まぐろなど、大皿にぎっしりとのっている。「地酒・月山の出雲が合いますよ」と、幸せの後押しをしてくれるのが嬉しい。

山陰の高級魚・のど黒の丸ごと一匹煮つけの上品でコクのある味わいが忘れられない。ごはんが欲しいかもなどと独りごちていると、追い打ちをかけるように鮑の岩海苔あんかけが登場する。ひとりに丸ごと一つ。さらに、しまね和牛のステーキまで味わえるのだから、「ごっつお」（出雲弁でごちそうの意）そのもののフルコースだ。

宿から足立美術館まで徒歩1分。朝一番の美術館で清々しい庭園を眺め、モーニングコーヒーを飲むのがわたしの定番になっている。

【第6章】ぷくぷく自噴泉のある宿10軒

49．鶴の湯温泉（秋田県・乳頭《にゅうとう》温泉郷）――秘湯を楽しむ自然に囲まれた山の一軒宿

秘湯という名の楽園は、山の中にあった。「鶴の湯温泉」に初めて泊まった時のことは今でも鮮明に覚えている。田沢湖駅から路線バスに乗り、「アルパこまくさ」で宿の送迎バスに移る。山道へと曲がり、どんどん林道を進んでいく。「ほら。あのあたりは、水芭蕉が群生しています」。そんな案内を聞きながら、バスはついに舗装されていないガタガタ道へ。茅葺《かやぶき》屋根の建物と秘湯・鶴の湯温泉の看板が輝く門が見えてきた。

後で知ったのだが、最後のガタガタ道は、あえてそのままにしているそうだ。「はるばる秘湯の温泉にたどり着いた」という旅人の喜びを奪いたくないと、ご主人の佐藤和志《かずし》さんはこの道を舗装するつもりはないという。

鶴の湯温泉の入口からの風景は、いつ行っても美しい。手つかずの自然に囲まれた山の一軒宿であることを感じさせながらも、人が歩く真ん中の道は、すっきりとしていて、雑草もなければ物も置かれていない。だからこそ、正面の山や自然に溶け込む宿の風景が目に印象的に飛び込んでくる。夜になると灯《とも》るランプは、毎日ピカピカに磨かれて、癒される炎の形になるよ

湧き立ての湯に感動する

うに芯をカットしてある。都会から秘湯を夢見てやってきた旅人が、幸せに秘湯気分を味わえるのは、こうした宿の配慮が行き届いているからなのだ。

初めての秘湯ひとり旅。湯治棟の部屋は六畳一間で、畳にごろん。あー。これ、やってみたかった。〝鄙《ひな》びた秘湯にひとり〟の気分に浸る。部屋の漆喰《しっくい》壁は真っ白で美しかった。トイレは共同だが、温水洗浄便座の温かな洋式トイレ。洗面所もお湯が出て鏡もついている。こうしてわたしの楽園時間が始まった。秘湯の温泉が大好きになったのは、鶴の湯のおかげだ。

鶴の湯温泉といえば、真っ白な濁り湯の露天風呂だ。白い湯面に波紋を広げてぷくぷくと温泉が湧いている。地中から湧き立ての温泉にそのまま入れる感動の露天風呂だ。先客が話しかけてくる。「このあたり、たくさん出てますよ。今、わたし移動しますから、ここ、どうぞ」

宿泊客だけの静かな時間になると、皆、古くからの知り合いのように温かい雰囲気になる。今夜この宿に泊まれる幸せを分かち合う仲間のような気分なのかもしれない。お隣には女性専用の大きな露天風呂もある。ここも、湯船の底から温泉が湧き上がる極上の湯だ。

鶴の湯温泉の源泉は4種類あって、湯巡りして微妙な違いを味わえる。「白湯」は含硫黄―ナトリウム・カルシウム―塩化物・炭酸水素塩泉。露天風呂と内湯がこの源泉だ。硫黄の働きでみるみる血行が促進され、体の巡りがよくなる。湯上がりがさらっとした気持ちのいい湯だ。「黒湯」はナトリウム―塩化物・炭酸水素泉、ぬぐだまりの湯と呼ばれ、体の芯までポカポカに温まる。「中の湯」は含硫黄―塩化物・炭酸水素塩泉、肌あたりがまろやかで、しっとり潤う温泉だ。

湯治棟に泊まっている人は全員本陣で食膳を囲む。名物の山の芋の鍋は、地元神代《じんだい》産の山の芋をすったふわふわの団子が入っている。味噌は自家製で豚バラ肉のコクのあるスープがとても美味しい。じっくり時間をかけて炭火で焼き上げる岩魚はふっくらジューシー。

宿の中をあちこち湯巡りしているうちにすっかり顔見知りになった人もいて、和気あいあいとした雰囲気だ。「ここは何連泊しても、毎日違う料理を出してくれるんだよ」と、常連さんから聞いた。なるほど、まわりを見ると違う料理がのっている膳がいくつもある。連日満員の宿で、このもてなしはすごい。だからこそ、この宿を愛してやまない人が多いのだろう。

50. 法師《ほうし》温泉 長寿館(群馬県・法師温泉)
──どっしりと寄り添ってくる自然湧出源泉の魅力

ぷくりぷくりと地球の囁きが聞こえてくる。丸太の上に頭をのせてそっと目を閉じる。ぷく。ぷくぷくぷく。今度は、じっとして温泉を眺めてみる。透き通った湯の底は玉石になっていて、石の間から小さな湯玉が生まれてくる。湯玉はゆっくりと上昇し水面でぱちっと弾けた。

「長寿館」の「法師乃湯」は温泉の鹿鳴館《ろくめいかん》ともいわれ、アーチ形の窓から差し込む光がとても美しい。太い丸太の梁、シンメトリーに置かれた湯桶、呼吸をするようにふわりと立ち上る湯のけむり。まさに日本の温泉の芸術だと思う。法師乃湯は明治28(1895)年に建てられたが、1200年以上の時を経ても変わらずに湯船の底からこんこんと湧く自噴温泉で満たされている。

泉質はカルシウム・ナトリウム―硫酸塩泉で、pH8・2の弱アルカリ性。ふんわりやさしい肌触りで化粧水のようにしっとり潤う美肌の湯だ。源泉は自然湧出なので4つの湯船は微妙に温度が違う。その日の温泉のご機嫌にもよるが、だいたいいちばん奥がぬるめで、手前の2つにはもう一つ別の源泉も注がれているので熱めになっている。この源泉も湯小屋の下から湧いている。混浴風呂として知られているが、夜20時から22時までは女性専用になる。

宿には3つのお風呂がある。男性と女性の時間に分かれているので、宿泊すると3カ所すべての温泉を楽しめる。総檜造りの「玉城乃湯《たまきのゆ》」は大きな窓から自然の風景が眺められる。内湯の湯面に緑や紅葉が映り込んで感動的なほど美しい。首までですっぽりと温まれる内湯の深さもわたしのお気に入り。ダイナミックな大岩を配した露天風呂は、冬の雪見が最高だ。

「長寿乃湯」は川に近い場所にある小さめの湯小屋だ。こぢんまりとした温泉なのだが、実は温泉通の憧れの湯船で、ものすごい実力派なのだ。理由は秘密にしておきたい気もするが、よ

「法師乃湯」はまさに日本の温泉芸術

く観察すると、そのすごさが見えてくる。もちろん、ここも自然湧出で、足元の玉石の間からぷくぷくと生まれたての源泉が湧いている。さらに、湯口が2つある。正面の奥と向かって左側の端だ。なぜ、2つも？　これは、それぞれの湯口のすぐ外に、それぞれ源泉があるからだ。つまり、この長寿乃湯の湯船には3つの湧き立て源泉が大量に注がれているのである。

「なんか、お湯のハリがすごい」。どっしりと寄り添ってくる新鮮な湯。入れば、ぐっとくる

のでそのすごさを実感していただきたい。この長寿乃湯は、以前は女性専用だったが、男性のみなさんからの熱い声が届き、近年は男性専用時間も設けられた。

がんばった時のご褒美には、上州牛すき焼きを食べる。とろける肉の旨味と懐かしいすき焼きの味わいに欠かせないのは、絶品ごはんだ。法師温泉から三国峠を越えればそこはもう新潟だが、法師温泉を営む岡村家の先祖の出身地は南魚沼である。南魚沼の中でも特に美味しいといわれる地域の農家で契約栽培するコシヒカリを使っている。法師温泉自慢の清水で炊いたピカピカのごはんとすき焼きの合わせ技は、まさにご褒美級の美味しさだ。

創業140年、国の登録有形文化財の木造建築には気品が漂う。隅々まで磨かれた廊下、大切に守られて歴史を刻んだ法師温泉の建物は、空気の澱《よど》みを感じる場所がない。どこにいても心地よく、この場所すべてが穏やかに呼吸をしているようだ。ここで一夜を過ごすと、そのゆったりとした波長みたいなものが自分の体の中まで伝わってきて、心身が緩み、生きていることの幸せ感が満ちてくる。

51. 蔦《つた》温泉旅館（青森県・蔦温泉）――虜にさせる生源泉が湧きっぱなしのパワフル温泉

骨まで響くような力強さ。どどん、どどんと大きな湯玉が音を立てて湯船の底から湧き上が

桶を枕にして床にごろりと横になる快楽

ってくる。衝撃の大迫力だ。源泉が自然湧出する岩盤の上に板を敷き、それが湯船の底板になっている。底板の間から勢いよく温泉が湧き上がってくるので、ぷくぷくなどというかわいらしい囁きではなく、どどん、どどんと花火のように豪快に湯玉が上がる。しーんとした静寂の湯殿に響く生源泉の息吹きは、まさに、生きている地球の力強さそのものだ。

自然に湧いている生源泉の温度は45℃から47℃。「うちは、源泉かけ流しではなく、生源泉湧きっぱなしです」という湯守の小笠原正明さんの言葉通り、湧いたままの温泉に入るので、熱い時は湧水の蛇口の水でうめて入る。最初に肌に触れた時には熱いと感じるが、いざ入ってみると体に馴染んできて夢心地。じんじん染み入るような温泉の力の虜になってしまう。

泉質は、ナトリウム・カルシウム―硫酸塩・炭酸水素塩・塩化物泉。肌をしっとり保湿する硫酸塩泉、古い角質を落として肌をすべすべにする炭酸水素塩泉、体の芯まで温めて発汗を促進する塩化物泉が三位一体となって働くパワフルな温泉だ。

「久安《きゅうあん》の湯」では、昔ながらの青森流の入り方が楽しめる。青森の温泉は湯船の縁全体から熱めの湯がとめどなくあふれ出ている造りになっているところが多い。これは、熱い温泉に長湯するのではなく、熱い湯が流れる湯の縁の床にごろりと寝転ぶためだ。温泉で少し体が温まったら、桶を裏返して枕にする。滔々と湯が流れる木の床にごろりと横になり、寒くなったらまた入る。これが青森流入浴術なのだ。背中に流れる熱い湯は、生きている地球に繋がっている。温泉の流れる音だけが響く静かな空間で静かな夜が更けていく。

城ヶ倉《じょうがくら》観光が経営を引き継いでから、数年をかけて少しずつ館内を改装した。西館3階の客室には、趣のある木細工の欄間などがはめこまれている。これは、雪で朽ちて解体された別館にあった、昭和の職人たちが趣向をこらした美しい木細工を大切に活用したものだ。窓辺の広縁《ひろえん》に書斎机もあり、Wi-Fiも完備された。女性デザイナーが設計したという新しい特別室3室は、ベッドルームと癒しの照明が灯るリビングを備えている。青森のブナ材を用いた工芸品のブナコが照明や小物に使われている。久安の湯も床を張り替えて木の香りが漂い、湯殿の雰囲気を味わえる優しい光の照明に変わった。

男女別大浴場「泉響《せんきょう》の湯」は、高い天井の湯屋が荘厳な雰囲気をかもし出す。この開放感を損なわずにシャワーが使える洗い場ができた。その絶妙な工夫が素晴らしい。泉響の湯も湯船の底板の下から勢いよく温泉が湧き上がる「生源泉湧きっぱなし」の温泉だ。

朝は、宿の敷地から続く森の遊歩道を15分ほど歩いて神秘的な蔦沼《つたぬま》の畔《ほとり》まで行く。ブナ林に囲まれたこの場所は、秋には真っ赤に燃える紅葉の沼と化す。程よい散歩の後は、温泉へどぼん。お腹ペコペコで朝ごはんだ。

52. 名泉鍵湯《かぎゆ》 奥津荘《おくつそう》（岡山県・奥津温泉）――宇宙遊泳を楽しむような美肌湯の名湯

川原と同じ大石がごろごろ。まるで川の中を覗《のぞ》いているようだ。「奥津荘」の名物温泉「鍵湯」は、とても不思議な造りをしている。それもそのはず、この湯船は吉井川《よしいがわ》の川底と一枚岩で繋がっているのだ。川底からこんこんと温泉が湧いている場所をそのまま、自然の状態で湯船にしている。だから、花崗岩がごろごろ。深いところもあれば斜めのところもある。そして、岩の間から自噴する温泉がお湯の表面を持ち上げるようにして大量に流れ出ている。

温泉は透明で肌触りは絹のようと表現されるほど滑らかで柔らかい。毎分２４７ℓもの湯が自噴している。源泉温度は42℃、そんなに熱くはないはずなのだが、お湯がとても新鮮なので、最初は熱く感じる。入るとすぐに体に馴染んで、今度はあまりの心地よさにずっと入っていたくなってしまう。

初代津山藩藩主の森忠政が、この温泉があまりにもいい湯なので、鍵をかけて他の人が入れないようにしたという。それで「鍵湯」という名がついた。お殿様の気持ちがよくわかる。

殿様が鍵をかけて独占した名湯

泉質は、アルカリ性単純温泉で、ｐＨが高くて９・１もある。アルカリ性の温泉にはせっけんのような作用がある。つるりとした感触で肌の汚れや古い角質を落としなめらかに整える美肌湯だ。

もうひとつの温泉「立湯」も自噴泉だ。吉井川の流れによって自然に作られた岩のくぼみから温泉が湧いている。大岩のくぼみをそのまま小さな浴槽にして、立ったまま入る。ここも底は岩になっていて、ぷくぷくと温泉が湧き上がる川底がそのままだ。深いところは１２０㎝ほどあるので、壁側につかまって入るための手すりがある。つかまって、そろそろと足を下ろしてみると、なんとも不思議な浮遊感、まるで温泉の中が宇宙空間になっているような感覚だ。これは、入った人にしか味わえない。さんざん宇宙遊泳を楽しんだら湯船の中にある石に腰をかけると、ちょうどベンチのようになる。つるりとした石の感触が気持ちよい。

奥津荘は木造の趣ある建物がとても素敵だ。２０１８年７月に、国の登録有形文化財になることが発表された。年内には正式登録になるそうだ。玄関を入ると棟方志功の版画が出迎えてくれる。昭和22（1947）年〜28年頃まで、たびたび奥津温泉を訪れて創作活動をしていたそうだ。

玄関横にわたしのお気に入りのラウンジがある。飲むこともできる温泉を使って、源泉100％で淹《い》れた香り高いコーヒーを楽しみながら、ぼんやりと音楽を聴いて過ごす。格子戸《こうしど》越しの外の光にとても癒される場所だ。

料理は瀬戸内の魚介と冬は日本海の松葉蟹会席もある。津山地区は古くから牛を食べる文化があり、牛肉を使った郷土料理や多彩な鍋料理など、季節によって数種類のコースから選ぶことができる。

53．大丸あすなろ荘（福島県・二岐《ふたまた》温泉）――奇跡の造形、自噴泉の甌穴《おうけつ》風呂

新白河駅から「湯ったりヤーコン号」に乗って90分。ヤーコンは天栄村《てんえいむら》の名産の根菜で、シャキシャキとした食感が特徴だ。オリゴ糖やミネラルが豊富な健康食材である。そんな根菜の名前がついた町のバスは、自然豊かな山の道を走っていく。

二岐温泉は平安中期開湯の千年湯だ。安和《あんな》2（969）年の政変で皇位継承に敗れた宮人が薬湯を求めて川底に湧く温泉を発見したと伝えられ、その湯は今も元湯自噴泉「甌穴風呂」と

してこんこんと湧き続けている。その後、平家落人が隠れ住んだという伝承がある。「大丸あすなろ荘」は徳川時代に一軒宿の旅籠「大丸屋」として始まった。

6つの源泉はすべて自然湧出。豊かな山の自然があるからこその恵みだ。天然の川床から温泉が湧く甌穴をそのまま湯船にした自噴泉甌穴風呂は、透明な湯の底にうがたれた甌穴の造形が引き込まれてしまいそうに見えて迫力がある。甌穴とは、川の水流によって浸食されたくぼみに入った小石が回転して渦流をつくり円形の椀状の穴になったものだ。自然の偶然が創り出した奇跡の造形が残る大岩の割れ目から、1000年の時を超えてこんこんと源泉が自噴している。

迫力の造形にびっくり仰天

泉質は、カルシウム―硫酸塩泉で、pH9・1のアルカリ性。やわらかな肌触りの保湿系温泉だが、源泉温度は53・8℃あり、しゃきっとする「あつ湯」だ。

二岐川の渓流ぎりぎりに露天風呂が点在し、自然の中にぽつんと座って入る感覚がとてもいい。やさしい温泉のぬくもりに包まれて、ぼーっとすることの幸せを感じられる温泉だ。木々が渓流に覆いかぶさるように茂り、新緑の季節は緑のトンネルが現れる。周りも緑、見上げても緑、湯の中まで緑が入り込んでくるようで、芽吹きのエネルギーを体いっぱいに吸収できる。

渓流に突き出るように作られた露天風呂「子宝の湯」では、思わずうれしくなってニヤリとしたことがある。そのワケは、湯船の技ありの設計にある。すぐ近くに湧く自家源泉を竹筒から流し入れるだけでなく、湯船の底が組み石になっていて、その間からもじわりじわりと注ぎ入れている。こうした隠し技によって、この露天風呂はいつどこの場所に入っても気持ちのいい温度で入れるのだ。極上の温泉を気持ちよく楽しんでもらいたいという湯守の思いが隠れていて、とてもうれしくなった。

温泉は料理にも登場する。お品書きを見て感動のあまり、泣きそうになった。和牛源泉蒸しと書かれたメニューの横に和牛、スライス玉葱などと素材が記されているのだが、一緒にカルシウム―硫酸塩泉と、泉質名まで書かれている。これはすごい。宿の温泉への「愛」の深さを感じて拍手喝采した。温泉で蒸されて柔らかく仕上がった牛肉と野菜は甘みが引き出されて絶品である。仕上げは、米・食味分析鑑定コンクールで2016年まで9年連続で金賞を獲得した天栄米のごはん。ほっこり身も心も温まる夕食だ。

54. 旅館　大橋（鳥取県・三朝《みささ》温泉）

——ラジウム泉とトリウム泉、そして現代の名工の料理

三朝温泉には約80カ所の源泉があり、高温でラドン含有量が多いことで知られている。自噴泉も多く、源泉が底から湧いている場所で入浴できる。ラドンは気体なので、すぐに空気中に逃げてしまうから湧出したての温泉に入れるのは理想的だ。

「旅館　大橋」には5つの自家源泉があり、そのうちの3カ所が自噴泉だ。名物の「巌窟《がんくつ》の湯」は3つの岩風呂が並んでいる光景が圧巻だ。かつて三徳川《みとくがわ》の温泉が湧き出ていた場所をそのまま湯船にしたので、岩風呂の中は岩がごつごつしていて、川底のままになっている。3つの湯壺から自噴しているので浴室には湯気がたちこめている。

三朝温泉の湯は熱い。しかも、巌窟の湯は湧いている場所がそのまま湯船なので温度はその日の源泉のご機嫌しだいだ。たっぷりとかけ湯をして小さめだが深さのある岩風呂へそろそろと入ってみる。じんじんとして、温泉パワーでたちまち汗が噴き出す。

巌窟の湯のすごいところは、こうした岩風呂が3つあることだ。それぞれの岩風呂の底から異なる自噴泉がこんこんと湧いている。「下の湯」と「中の湯」はラジウム泉、「上の湯」がト

成分の違う自噴泉を入り比べ

リウム泉と呼ばれている。ラジウムとトリウムは地層の岩石の違いで、実際にはラドン、トロンという気体となって温泉の中に含まれるが分類は同じ放射能泉。成分の違う自噴泉を入り比べて体感できる貴重な場所だ。岩の隙間からこんこんと湧き出ているので見ただけではわからないが、入ると岩の間から熱い湯が自噴する場所を体で感じることができる。

三徳川の水音を聞きながら入る露天風呂を備えた湯処「せせらぎ」には源泉を使った温泉ミストサウナがあり、ラドンガスを深く吸い込むことで健康増進につながる。

この宿はすごい温泉を持っているのだが、実は料理旅館だ。温泉に入り、国の登録有形文化財の建物の部屋で創作会席料理を味わう。

社長でもある知久馬《ちくま》惣一《そういち》総料理長は、「現代の名工」であり、調理師会の殿堂入りした匠《たくみ》だ。山陰の山海の幸がぎっしり。盛り付けの色彩がとてもきれいで飾っておきたいほど美しい。季節を愛でる喜びを思い出させてくれる料理だ。山陰の平日の焼き霜造りは、そのままでもぷりぷりの新鮮な刺身だが、熱い石でさっとあぶると一層旨味が引き立つ。春は鳥取県でしか味わえない幻の海老といわれている「もさえび」、夏は岩牡蠣、秋は松茸、冬は松葉がにと、豊かな地元食材との出会いも楽しみだ。

55. 旅館　福元屋（大分県・壁湯《かべゆ》温泉）——ホタルが舞う洞窟温泉と芳醇な古代米

天女伝説の温泉は美しい渓流にある。岩壁が天然の洞窟になってぽっかりと口をあけている。その中には温泉が湧いていて宿の名物露天風呂がある。近くからお湯をのぞき込むと、息をのむほど透明だ。どこまでも透明で、透明で、湧水の泉のように清らかだ。洞窟の岩壁や底から、毎分1280ℓというとてつもない量の温泉が湧出している。洞窟から流れ出ている水量をみれば、そのすごさがわかる。

温泉は自然に湧いたままのもので、源泉温度は39℃というぬるめの湯だ。入ってみると、どっしりと感じるほどお湯の密着感がある。根拠はないが、喩《たと》えていうと、水の粒子が細かくて密度が濃いというか、ぐぐぐっと押し戻されてくるように寄り添ってくる。しばらくじっとしていると、微粒子の泡がびっしりと肌についてきた。「あーーー。気持ちいい」。温泉と自分の境目が段々わからなくなって、無重力空間に浮いているような気分になる。じんわり、ほんわりと温かい温泉はいつまでも入っていられそうだ。

6月上旬にはホタルが舞う洞窟温泉になる。まだ、その時期に入浴できていないのだが、いつか、この温泉でホタルを見たいと思っている。

眼下には緑色の美しい渓流があるのだが、３００年ほど前は、川の温泉は同じ高さにあったそうだ。河原の洞窟に湧く温泉の部分をせき止めて入っているうちに、川の方は流れに削られて、長い年月の間にこんなに高さが変わっていった。

緑色の美しい渓流、6月にはホタル！

「福元屋」の4代目、岐部《きべ》榮作《えいさく》さんが家族と作るお米がすごい。お櫃《ひつ》の蓋《ふた》を開けると、出来立てのポップコーンみたいな芳ばしい香りがする。伝説の古代米で香り米と呼ばれる品種「壁湯《かべゆ》福《ふく》米《まい》」が入っているからだ。

稲の背が高いこの品種は倒れやすく育てるのが難しいのだが、岐部さんは、現代のお米「ひとめぼれ」と「壁湯福米」を一緒の田んぼに植えることで支えあわせて育てている。そして、一緒に収穫して、一緒に籾《もみ》にして保存する。食べる分だけ精米して、飲むこともできる宿の源泉で炊く。こうしたすべての条件が揃った時にだけ、奇跡の香りがする美味しいごはんになるのだ。

自家製こんにゃくの刺身や豊後牛《ぶんごぎゅう》の溶岩焼き、馬刺しなど、女将さんが作る料理は、どれもこれもしみじみと美味しい。そして、オオトリを飾るのがこの芳醇な古代米のごはんだ。

56. 岩井屋（鳥取県・岩井温泉）―源泉かけ流しのシャワーに絶品の蟹みそかけごはん

山陰最古と言われる岩井温泉は開湯1200年、「岩井屋」は江戸時代末期から続く山陰最古と言われる温泉旅館である。

大浴場「源泉長寿の湯」は、古くからの温泉場を思い起こさせる湯屋造り。階下に降りて湯船に入ると、深くて、立って入っても胸元までお湯が達するほどの深さがある。湯船の底は、すのこ板になっていて、その下から自噴する源泉が時々ぷくぷくと湯面まで湧き上がってくる。昔は自噴する源泉だけをためていたので、少しずつ掘り下げていくうちにこのような深い湯船になったそうだ。

透明な温泉は優しそうに見えるが、湯口を見るとミネラル成分がびっしりとこびりついている。「飲泉」と書かれた湯口には柄杓《ひしゃく》が置いてあり、飲むことができる。一口味わうと、ほんのりと塩味と甘味もある。食前に噛みしめるように少しずつ飲むと内臓の活性化にいい。

泉質はカルシウム・ナトリウム―硫酸塩泉。柔らかくて温かな湯に包まれていると、肌がひ

ミネラルたっぷりの「源泉長寿の湯」

たひたと潤ってくるように感じる。

　そういえば、温泉好きにとっての感激の体験がもうひとつ。男女入れ替えになり、もう一方の大浴場「祝いの湯」へ入った。足元自噴ではないが源泉かけ流しだ。シャワーのところにあった小さな看板に目が釘付けになった。「シャワーも湧き出たままの源泉です」。なんですって。これを浴びれば、髪も顔も、頭のてっぺんからつま先まで湧きたての源泉の恩恵を享受できるのか。感謝感激、この温泉では、シャワーの看板も必見だ。

　ここに泊まるもうひとつの目的は「松葉がに」である。地元網代《あじろ》港で水揚げされた松葉がにのみを出している。蟹は地域によって呼び名が変わるだけでなく、食べ方もご当地流がある。岩井屋で初めて出会った忘れられない蟹の食べ方は、焼き蟹の時に遭遇した。目の前に炭火が運ばれてきて、そこで焼き上げてくれる。蟹の身が芳ばしく焼けてきたら仕上げに塩をひとつまみ。焼き蟹は火入れの仕方が命だ。焼き過ぎず、生過ぎず、甘くて芳ばしくてジューシーに仕上げる。絶妙のタイミングで寸止めする技は仲居さんや女将さんならではだ。

　さらなる感動はこの後に来る。蟹みそを甲羅ごと炭火で焼く。このときに隠し味で味噌とお酒をちょっと入れて混ぜ、とろとろふっくらになるまで蟹みそを焼く。よく見ると横に小さなお櫃があるではないか。炊き立てつやつやのごはんを茶碗によそって、蟹みそをとろーり。なんということだ。みんな悲鳴のような声を上げている。

「これ、独特の食べ方ですね」「え？ そうなんですか？ この地方では家でもこうやって食べますよ」。なんと、まだ、会席料理の中盤だというのに、美味しすぎる。美味しすぎるではないか。こうして、この焼き蟹みそかけごはんは、冬になると思い出す岩井温泉の宝物になった。

57. 酸ヶ湯《すかゆ》（青森県・酸ヶ湯温泉）――心の病いにも効く温泉がある「住める」宿

八甲田山の雪深い温泉のイメージの酸ヶ湯温泉だが、実際には青森駅からバスで1時間ちょっと。宿泊の場合は青森駅前から無料送迎バス（予約制）もあるので、東京から新幹線に飛び乗って、あとは、バスでぼーっとしているだけで宿まで連れて行ってくれる。

湯治棟3号館が2016年にリニューアルされて、女性のひとり旅でも泊まりやすくなった。3号館は全24室にすべてトイレ・洗面台が付いている。六畳か八畳の一間で布団の上げ下ろしは自分でするので自由気ままに過ごせる。食事付きの場合は、食事処で食べる。窓辺には椅子

名物「ヒバ千人風呂」は実にパワフル

とテーブルもあるしＷｉ－Ｆｉも飛んでいる。

自炊場には湧水が流れ、調理器具も揃っている。廊下の奥にはすてきなギャラリーがあり、気分を変えてそこで寛ぐこともできる。売店は、お土産物から日用品、おにぎりや果物、野菜まで揃うワンダーランド。とてつもない名湯が湧いているだけでなく、暮らせるほど充実した滞在ができる。「これは、住める」と、5連泊した。

平成26（２０１４）年7月の温泉法改正により、温泉の適応症が見直され、自律神経不安定症やストレスによる諸症状（睡眠障害・うつ状態）などが一般的適応症に追加された。温泉はそれぞれの泉質による適応症に加えて、さまざまな療養・保養に活用できるが、心の病いにも効くということは、現代社会において朗報だ。

館内には温泉療養相談室があり、酸ヶ湯温泉へ来る人は誰もが利用できる。温泉顧問医が、体や肌の悩みを聞いて湯治の相談に乗ってくれる。ストレスチェックを受診することもできるので、1泊のプチ湯治でも、たとえば到着した時、どのくらいストレスがたまっているかをチェック。最近感じている不調とか、なかなか取れない肩こりとか、肌の調子がイマイチだとか、あれこれ相談すれば、どんな風に過ごせばいいか、温泉にどう入ればいいかなどアドバイスしてもらえるのだ。酸ヶ湯温泉につかり、八甲田の大自然の中で一晩ぐっすり眠ると、さて、どう変わったか、〝ビフォー・アフター〟も測定できようってものだ。

名物の「ヒバ千人風呂」は、混浴だが朝と夜に女性専用時間がある。「四分六分の湯」は、やや熱め。ここで少しウォーミングアップしたら、お隣の湯船の「熱《あつ》の湯」へ移動する。入った瞬間の印象は、ややぬるめでやわらかな感触。優しい温泉のように思えば、さにあらず。湯船の下から源泉が自噴していて、大自然のパワーがぎっしり。泉質は、酸性・含鉄・硫黄―アルミニウム―硫酸塩・塩化物泉。硫黄、塩、鉄、炭酸ガスも含有していて成分総計は3680mg／kgとたっぷりだ。pH1・9の酸性で、肌と体に「活《かっ》」を入れてくれる活性の湯。全身の血行が良くなり、あっという間に発汗してくる。

湯上がりランチには、売店奥の「鬼面庵《おにめんあん》」で酸ヶ湯そば。厳選したそば粉100％、そばの実の中心部分だけを使用した白くて細くて上品なのどごしの絶品そばだ。つゆはしっかりしたイワシだしで奥深い味わい。酸ヶ湯温泉の源泉で作った温泉卵をトッピングすれば、たんぱく質もしっかりとれて理想的だ。

58. 旅館大黒屋《だいこくや》（福島県・甲子《かし》温泉）――女性限定の日で名湯に入り放題

あの「大岩風呂」に思う存分入りたい。その願いが叶う日がやってきた。今日は「旅館大黒屋」で恒例になりつつある「女性限定の日」なのだ（12月から4月まで毎月1回の開催）。普段は混浴で、夜と朝に女性専用時間があるのだが、この日は、すべての温泉が女湯。いつでも、どの湯でも、気兼ねなく入れる女性のユートピアなのがうれしい。雪深い冬の日だったが、新白河駅から宿の無料送迎バスを予約したので安心だ。

１５０年の歴史をもつ大浴場「大岩風呂」は宿のいちばん奥にある。温泉通路の長い階段を降りて、宿の外へ出て阿武隈《あぶくま》川にかかる橋を渡り、湯小屋へとたどり着く。真冬の時期は、この道のりもアドベンチャーだ。温泉通路の入口に、防寒服と長靴、手袋が用意されている。浴衣に丹前、バスタオルは首に巻く。その上に防寒用のコートを着用。脱いだ服を入れるビニール袋とタオルを抱えて完全防備完了。なんだかウキウキ、テンションが上がる。さあ、大冒険に出発だ。

ふわふわに積もった新雪を踏みしめて、一歩一歩進んでいく。阿武隈川を渡る橋に差しかかると美しいモノトーンの世界が広がる。雪。雪。雪。綿菓子のような雪帽子をかぶった渓流の岩。シルエットになった木の枝を縁取るように積る雪。橋の向こうにはあったか〜い温泉が待っている。

よし！　到着だ。湯小屋の扉を開けると、そこには秘湯感漂う巨大な岩風呂があった。湯船の大きさは縦5m、横15m、深さは最大1・2mあり、立って入られる深さだ。雪の中の湯小屋は静寂の世界。温泉の流れる音だけが響いている。ふわん、ふわんと宇宙遊泳するように、大きな湯船の中を進む。湯口には鳥居がかかっていて、44〜45℃の源泉がどっと流れ出ている。鳥居のかかる大岩は湯船の中まで続くが、湯船の底の岩盤から31〜34℃の自噴泉がじんわりと湧出しているのだ。湯船の中にある「子宝石」をなでると子宝に恵まれるという言い伝えがある。

湯船の中に「子宝石」がある

泉質は単純温泉で、pH7・8の弱アルカリ性。温泉分析書を見ると、溶存物質総計が961・8mg／kgなので、あと少し成分が多く検出されて1000mg／kgを超えれば、主な成分であるカルシウム・ナトリウム―硫酸塩泉の泉質名がつく。しっとりさっぱりとした気持ちいい保湿の湯。ぬるめの湯だが、深々とじわじわと体の芯まで温まってくる。歴史ある名湯には不思議な力がある。

お待ちかねの夕食だ。前菜は郷土料理や山の幸。ぜんまい一本炒めは春に収穫した山菜のぜんまいを長いまま乾燥させて保存し、一本のまま煮しめる雪国のおもてなし料理。5種類もある小皿は、わらびみそ漬、木の子3種にこごり、柿の白あえ、じゃがいも甘みそ、白菜と木の子の炒め物。会津の純米酒「國権《こっけん》」を合わせた。源泉の蒸気で和牛と野菜を蒸し上げる「和牛の源泉せいろ蒸し」は甲子温泉の源泉を使った人気の一品だ。

【第7章】　魅惑のぬる湯がある宿7軒

59. 宝巌堂《ほうがんどう》（新潟県・栃尾又《とちおまた》温泉）——ぬる湯と若女将の野菜料理が恋しくて

この宿へ何のために行くのか。理由を一つだけ答えろといわれると、ものすごく悩む。栃尾又温泉の共同湯のぬる湯が恋しいから。もちろんそうだ。でも、「宝巌堂」の若女将の星智子さんが作る夏野菜の料理がとてつもなく美味しいから。それも重要なポイントだ。うーむ。選べない。切り離せない。どっちも譲れない。とにかくこの宿はそういうところだ。

栃尾又温泉には「霊泉の湯」という共同湯が3つある。「うえの湯」と「したの湯」「おくの湯」があり1日交替で男女入れ替え。3軒の宿があるが、どこに泊まってもみんな共同湯へ入りに行く。

歴史がある霊泉「したの湯」は長い階段を下りて湯船のある場所まで行く。源泉温度は36℃。体温と同じくらいの〝ぬる湯〟をそのまま源泉かけ流しにしている湯船に、だいたい1時間くらい浸かる。縁の石に頭をのせて脱力してぼーーっと入る。レトロなタイルのつるっとした感触が気持ちよく、ついうとうとしてしまう。一体どのくらいの時間がたったのだろう。ぬるめの湯のおかげで副交感神経のスイッチが入り、コリや緊張がゆるんでリラックスできる。時を忘れてお湯に浸かることで、自分の中の時計の針もゆっくりと進むようだ。

泉質は単純放射能泉で、pH8・6のアルカリ性。やわらかなお湯はラジウム温泉と呼ばれていて、温泉に溶け込むラドンが、体を温めて肌と体の細胞に活力を与えてくれる。ぬる湯の隣には加温した温かい湯船もあって、ちょっと冷えてきたら体を温めることができる。

宝巌堂は8室の小さな宿だ。ひとり泊まりもできるのがありがたい。館内の床は桐材でスリッパなしで歩けるのが心地よい。さりげなく置かれたアンティーク家具や小物にセンスが光る。

たっぷりと1時間ほど浸かる

若女将は野菜が大好きだ。大好きな人が作る野菜の料理は本当に美味しい。ゴーヤ、きゅうり、トマト、ナス。夏野菜のひとつひとつが主役になっていく。イキイキとご馳走に仕立てられてテーブルを飾る。

初夏から夏の逸品は「トマトのトマト和え」——つまり、トマトだけで作る料理なのだが、これがすごい。口に入れた瞬間はトマトの甘味が広がり、次にふわーっとトマトの香りが鼻へ抜ける。ジューシーな味わい深さが忘れられず、毎度、夏になると「トマトのトマト和え」が食べたいとりクエストする。

夏の天ぷらも驚きの美味しさだった。茗荷やオクラや新ショウガとか、はふはふと揚げたてを食べる。スパイシーな香り野菜は夏のお楽しみだ。

鮎の炭火焼の後は、にいがた和牛A5ランクのヒレの焼き物。肉料理に合わせて登場したのが「きゅうりの一本漬け」。バリバリと音を立てて丸かじりする浅漬けのきゅうりである。これ、意外に地酒にあう。締めはもちろん、魚沼産コシヒカリだ。もっちりツヤツヤで元気になる。

60．ホテル祖谷《いや》温泉（徳島県・祖谷温泉）——内側から輝くようなツヤ肌になれる湯

祖谷温泉へは鉄道で行く。日常からゆっくりと解放されて行く鉄道の道のりも旅の醍醐味だ。大歩危《おおぼけ》駅で迎えてくれるのは木彫りの妖怪駅長。大歩危祖谷温泉郷がある徳島県の山間部は児啼爺《こなきじじい》の故郷なのだ。

日本三大秘境のひとつ・祖谷渓谷を見渡す場所にこの宿はある。かつては「風呂の谷」と呼ばれ、谷底の下から湯煙が上がっていた。現在の祖谷渓谷の谷底からもこんこんと湯が湧いている。それこそが、まさに魅惑のぬる湯だ。この湯を求めて世界中の人が集まってくる。

温泉までたどり着くには、宿専用のケーブルカーに乗る。眼下を覗き込むと吸い込まれそうになる断崖をゆっくりとケーブルカーが下っていく。傾斜角度は42度、急斜面をおよそ5分ほどかけてゆっくりゆっくりと下りる。ケーブルカーを降りて、さらに階段で祖谷川の渓流の間近まで歩くと、露天風呂に到着だ。

露天風呂は大迫力の祖谷渓谷を存分に見渡せる絶景温泉だ。これを見るだけでも旅をしてくる価値がある。２つある露天風呂は男女日替わりで異なる景色が楽しめる。ひとつは遥か彼方まで祖谷川の風景が広がる渓流沿い。もうひとつは、祖谷渓谷の岩盤が迫る地形の美しさを間近に眺めることができるロケーション。斜めに切り立つ含礫片《がんれきへん》岩《がん》という地層は県の天然記念物として知られる。

この湯を求めて世界中の人がやってくる

谷底から湧く源泉のすぐ横に露天風呂を作ったのは、手を加えることなく１００％源泉かけ流しで湧きたての温泉を楽しむためだ。源泉温度は38℃、ほんのり温かく感じる心地よいぬる湯である。一歩湯船へ踏み入ると、驚きの感触。とぅるん、とぅるんではないか。一歩一歩踏みしめて進み、渓谷の眺めが美しい場所を確保した。

どぼ〜ん。美容液のようなとろとろの温泉に首まで浸かり、人肌ぐらいの優しいぬくもりに浸る。30秒ほどじっとしていると、神秘の現象が現れた。肌にびっしりと微粒子の気泡がついてくる。触れてみるとピチピチと弾けた瞬間に、とろりと溶けて温泉に消えていく。なんだこれは。なんだ、これは……。しばし茫然として、何度も何度も肌の気泡に触れてみる。このシルキーバブルこそが祖谷温泉でしか味わえない極上体験、魅惑のぬる湯だ。

泉質は、アルカリ性単純硫黄温泉。温泉に含まれる硫黄成分で肌も体も血流が良くなり、内側から輝くようなツヤ肌になれる。もう、気持ちよすぎて、出るタイミングがわからない。

渓谷の上の宿へ戻ると、部屋からの景色は、まるで空に浮かんでいるかのようだ。雲の上にいるような気分で渓谷を見下ろせる。夜は月明りに浮かび上がる山影が幻想の光景を演出する。

61. 風雅《ふうが》の宿　長生館《ちようせいかん》（新潟県・村杉温泉）——もう街全体が「ラジウム浴」の温泉

村杉温泉はすごい。何がすごいかというと、ラドンを豊富に含む放射能泉が「自噴」する稀少な温泉地なのだ。このエリアの岩盤そのものがラジウムを含んでいるので、村杉温泉の街中どこにいても、いるだけですでに「ラジウム浴」をしているようなものだ。

温泉の泉質でいう「放射能泉」の放射能とは、どのような形で含まれているかというと、地中にあるウランなどの物質がラジウムという固体に変化し、温泉として入浴する時には〝ラドン〟という気体となって溶け込んでいる状態になる。だから、入浴するだけでなく、飲泉、吸入といった方法を相乗させて温泉を利用するとより効果的なのだ。

　ラドンは１kg中に８・25マッヘ（濃度の単位）以上あれば、療養泉として認められて「弱放射能泉」と表示され、さらに50マッヘ以上ならば特殊療養泉となり「放射能泉」という泉質

ラドン温泉を飲んで、吸って、浸かって

名がつく。村杉温泉の自然湧出源泉である１号井は源泉温度25・２℃でラドン66マッヘ、同じく自然湧出の２号井は25・２℃で85・３マッヘ、少し離れた場所にある３号井は地下２００ｍの掘削自噴で源泉温度26℃で71マッヘのラドンが検出されている。そして、その特性を活かした利用法が面白い。

　１号井は小屋でしっかりと保護され、外側にポンプがあるので、汲んだり飲んだりできる。

　２号井はどうなっているかといえば、なんと、自然湧出する源泉の周りを囲んで足湯になっている。中心にある源泉からは、ラドンを豊富に含んだミストが立ちのぼってい

るので、足湯浴と吸引浴が同時にできる場所なのだ。「ここにいると呼吸が楽になって調子がいいんだよ」とか、「この足湯に入るとしばらく杖がいらないんだ」とか、元気になった自慢話に花が咲く。

「風雅の宿　長生館」に泊まると、まさにラドン温泉三昧となる。ロビーでは、飲むことができる温泉を大きな釜で温めて、お茶やコーヒーをいれてくれる。４０００坪の大庭園も、よく考えるとラジウム浴ガーデンだ。庭にはベンチやウッドデッキもあってのんびりできる。

大浴場が楽しい。内湯の加温浴槽で温まったら、トンネルを進み露天風呂へ行く。露天風呂の一部が丸く岩で仕切られていて、源泉１００％かけ流しになっている。源泉温度は25℃ほどなので冷たいのだが、「えい！」と、気合いを入れて入る。放射能泉のラドン成分は拡散しやすいので、源泉そのままの浴槽があることはとても重要だ。加温された温泉と、冷たい源泉を温冷交互浴することで血行がよくなり、ぽかぽかと温まる。

この宿は兄弟が切り盛りしている。兄の荒木善紀《よしのり》さんが経営や営業を担当し、弟の善行《よしゆき》さんは総料理長として腕をふるう。朝採れの有機野菜を地元農家から毎日仕入れ、庭に湧く五頭山《ごずさん》の伏流水〝長生《ちょうせい》の清水《しみず》〟で地元・ささかみ産減農薬無化学肥料栽培のコシヒカリを炊く。

新ばし金田《かねた》中《なか》で修行をした善行さんの料理は、盛り付けの色彩が大変美しくて、とても美味しい。しかも食材のバランスが理想的だ。山菜、野菜に、魚介や肉、美しい料理を楽しんでいるうちに、体や肌に必要な、ビタミン、ミネラル、酵素、たんぱく質などがバランスよく摂れてしまう。「えっ？　このお値段で泊めてもらって、こんなご馳走をいただいてもいいのですか!?」と、感激するほどの美味だ。

62．湯元　すぎ嶋（岐阜県・神明《しんめい》温泉）――人肌のぬる湯が導いてくれる〝無〟の境地

日本人は、40℃前後の温かいお風呂が好きだ。源泉の温度が低い温泉は、湯船の温度を40℃ほどに調整するために、加温して利用していることが多い。あったかい温泉は気持ちがいいので加温浴槽があることは、とてもうれしいのだが、温泉好きには、もともとの源泉そのままに触れられる場所もぜひ欲しいという願望がある。

この宿はその願望を見事に叶えてくれた。平成22（2010）年に大浴場を改装し、檜造りの内湯に、源泉そのまま100％かけ流しの「ぬる湯」と、加温だけしてかけ流しする「あつ湯」2つの浴槽ができた。

神明温泉の源泉温度は37℃。体温と同じくらいの人肌ぬる湯だ。源泉100％の湯船が、とてつもなく気持ちがいい。どぼんと首まで浸かって目を閉じると自分の肌と温泉の境目がわからなくなってきて宇宙空間にぽっかりと浮いているような〝無〟の境地になる。湯の優しい感

「ぬる湯」と「あつ湯」の２つがある贅沢

触も相乗効果になって、ふわふわと夢心地だ。

大浴場には露天風呂もある。奥美濃《おくみの》の山々から爽やかな風が渡ってくる。宿泊者には好きな時間を1時間予約して無料で入れる貸切露天風呂がある。宿から貸切風呂まで歩いていく竹林の小路がとてもロマンチック。独立した湯小屋になっていて贅沢な造りだ。板取川《いたどりがわ》の渓流に近い場所にあるので、川の水音が聞こえ木々の緑が目に眩しい。泉質はアルカリ性単純温泉で、ｐＨ８・８８。つるりとした感触のやわらかな温泉だ。

「すぎ嶋」は重厚感のある古民家の宿だ。立派な門をくぐるだけでワクワクする。つやっつやに黒光りした廊下に暖かな色の照明が映える。築１５０年を超える庄屋屋敷を移築して宿にした建物は風格が格別なのだ。

すぎ嶋の夕食は囲炉裏で味わう。串に刺したアマゴの醤油漬けを囲炉裏で焼き、板取地域の名物の里芋をご飯と一緒について作る〝いももち〟を囲炉裏の網に乗せてじっくりと焼く。飛騨牛は網焼きだ。甘みのある肉汁が口の中に溢れ出す。おなかいっぱいと思っていたら、しめの「しし鍋」が出てきた。赤味噌仕立てで野菜もたっぷり、出汁が染み出て美味しくて、体の芯まで温まる。

秘湯の宿の静かな夜。もう一度、ゆっくり「ぬる湯」を楽しんで眠ろう。

63．山ふところの宿みやま（宮城県・川渡《かわたび》温泉）——植物エキスたっぷりの美容液温泉

ほうじ茶のような色をした美味しそうなお湯だ。浴室のドアを開くと森のような大地のような個性的な香りがする。初めてこの温泉に出会った時は、人生観が変わるほどビックリした。まだ、温泉旅人の人生を送るようになって間もない頃だった。

単純温泉の湯といえば、優しくて穏やかで、透明なさらっとしたイメージを漠然と抱いていたが、それは大間違いだったのだ。「山ふところの宿みやま」の温泉も、温泉分析書に表示されている泉質名は単純温泉だ。ところが、浴室のドアを開けたら、個性的な香りと色の温泉がそこにあった。「わわわ」。湯船へ近づいて、温泉に手を入れてみると、透明な茶色。入ってみると葉っぱのような土のような香りがする。「なんだ、これは……」。

この香りと色の正体は植物由来のモールと呼ばれる成分だ。植物性の有機物は、温泉分析書に表示されないし、泉質名にもでてこない。日本では馴染みがまだうすいが、ヨーロッパでは

ほうじ茶のような色をした自然のアロマ

研究が進んでいて、美容や療養に使われている。

　木や葉が土に返り、地中で腐葉土から石炭へと変わっていく途中くらいの地層を亜《あ》炭層《たんそう》と呼ぶのだが、こうした地層を経て湧き出る温泉は、植物由来の成分を含むモール泉となる。植物エキスたっぷりの温泉なんて、聞いただけでもうっとりしてしまう美容液温泉ではないか。

　みやまの自家源泉の温度は43・7℃、湯船へと注がれる間に38〜39℃くらいになる。泉質は単純温泉で、pH8・0の弱アルカリ性だ。肌をなめらかに整え、植物由来の成分が肌をしっとりと仕上げてくれる。森のような香りの自然のアロマに癒されて、ぬる湯に浸る。湯船の壁によりかかって、ただただ、ぼーっと時を過ごす。なんだか、森の小人になった気分だ。湯の流れる音が、さわさわと揺れる森の葉っぱの音のように思えてきた。

　金山杉造りの別館は本間至《いたる》氏の設計だ。宿の奥には古墳跡の杉木立の道があり、その木漏れ日が中まで降り注ぐような吹き抜けのラウンジがある。里山の中で過ごすほっこりとした喜びを感じられる宿だ。

別館は5室だけ。この宿は農家が営んでいるのだが、一家でもてなせる2～3組しか予約を受けない。宿の里山料理を目当てにゲストが遠くからもやってくる。家族で育てるササニシキのごはんは、上品で優しく、どこか懐かしいお米の味がする。夕食にはササニシキを握って味噌を塗った焼きおむすびが出る。この日のお汁は団子汁。きのこ汁の中にミルクで炊いた米を半突きにした団子が入っていて、中からとろりとチーズ。センスのいい里山の味わいに脱帽だ。

64. 山里のいおり 草円《そうえん》（岐阜県・福地温泉）
――「ぬる湯」と「あつ湯」が交錯する絶妙の心地

あまりにも気に入って、滞在中に何度も何度も貸切温泉に入りに行ってしまった。最もはまってしまったのが、ぬる湯がある内湯付きの貸切風呂だ。宿を出て、通りの向こうの小道を歩いたところに湯小屋があって、ここに貸切風呂が3つ並んでいる。空いていれば何度でも自由に入れる仕組みだ。

内湯は2つの湯船に仕切られていて、それぞれ異なる自家源泉がかけ流しで注がれている。ひとつは44℃の熱い源泉、もうひとつは35℃のぬるい源泉だ。1枚の板で2つの湯船に仕切られているのだが、仕切り板の下の方は少し開いている技ありの造り。ひとりで入ると気が付

1つの浴槽が板で仕切られる技ありの造り

かないかもしれないが、2〜3人で入るとこれが、面白い。たとえば、ひとりが熱い湯船へ移ってざぶんと入ると、ぬるい湯船へ熱い湯がすーっと入ってくる。こうして、程よく熱い湯とぬるい湯が交錯してぬるすぎない、熱すぎない、絶妙の入り心地を生み出すのだ。

さらに、この2つの湯がやめられなくなる理由がある。それは、温度だ。ぬる湯は、体温よりちょっと低いので、やや冷たくて、あつ湯が恋しくなる。あつ湯は44℃の源泉なので、少し気合いが必要な熱さだ。「熱い。熱い。くぅ〜〜」と、唸って入る。当然、長く入っていられず、ぬる湯へと逃避する。

たとえて言うと、甘いものとしょっぱいものを交互に食べると止められないみたいな感じの楽しさがこの温泉だ。ちなみに、この貸切温泉には露天風呂もついている。泉質は弱アルカリ性単純温泉。淡麗辛口の吟醸酒のように、さっぱりとした感触の温泉だ。

この宿は「日本源泉湯宿を守る会」の会員宿のひとつである。その条件がすごい。源泉を所有するか分湯権をもっていて、湯宿の浴槽は源泉かけ流しというだけでなく、客一人当たり毎分1ℓ以上の目安で給湯されていなければならないのだ。宿では、毎日全ての湯船のお湯を抜いて掃除し、新しい源泉を注ぎ入れ、さらに一人当たり毎分1ℓ以上の新しい源泉をずっとかけ流す。いかに新鮮な温泉を味わえるかがわかるエピソードだ。

宿から川沿いの道を歩いていくと、「森の湯」がある。可愛い看板が目印で男女交代で2つの異なる露天風呂が楽しめる。岩湯は渓流に手が届きそうな巨石づくりの露天風呂。ダイナミックな水音を聞きながら入る大自然の野天湯の気分が味わえる。釜湯は近隣の神岡《かみおか》鉱山で使っていた大きな鉄釜を利用した丸いお風呂。湯の中に腰かけてコタツみたいな気分で入る。

囲炉裏のある食事処は、奥飛騨の知り合いの家に招かれたような雰囲気だ。岩魚と五平餅《ごへいもち》が炭を囲んで刺さっている。芳ばしい香りがしてきたら、串ごとがぶりとかぶりつく。五平餅は甘辛のゴマくるみ味噌が絶品だ。

65. 貝掛《かいかけ》温泉（新潟県・貝掛温泉）――現代人には必須？の「目に良い温泉」

貝掛温泉はぬるめで気持ちがいいだけでなく、目にもいい。開湯は鎌倉時代で700年の歴史ある温泉だ。戦国時代には上杉謙信《けんしん》公（1530～1578年）の隠れ湯として将兵の傷を癒し英気を養う湯となった。江戸時代になって「目の湯」の湯治場として賑わい、ついに、明治時代には「快眼水《かいがんすい》」という名の目薬として内務省の製造販売許可を得たという。

貝掛温泉の源泉温度は36・2℃、大きな露天風呂のすぐ横に自噴する源泉があり、大浴場の内湯と大露天風呂に源泉をそのままの温度でかけ流しにしている湯船がある。体温と同じくらいの人肌ぬる湯は、大地の胎内に抱かれているような幸せ感をもたらす。

毎日お湯を抜いて掃除し、新しい温泉に入れ替えているので、とってもフレッシュ。源泉が大量に注がれる湯船に入ってじっとしていると、肌の表面に微細な泡がいっぱいついてくる。内湯の湯船の縁にある檜の枕木に頭をのせて、ぬる〜い温泉に身を委ねていると、ほんわかと体が温まってきて、うっかり眠ってしまいそうになる。隣には加温した42℃の熱めの湯船もあるので、少し寒くなってきたら、あつ湯へどぼ〜ん。スキッと目が覚める。不思議なもので、熱い湯に入ると、ぬる湯に入りたくなる。で、ぬる湯に長く入っていると、あつ湯で仕上げたくなる。で、やっぱり、最後はぬる湯かなあ。などと、この永遠のループは尽きない。

目も顔もお湯につかって一石二鳥

「目の湯」には独時の入り方がある。正しい眼の洗い方は、ぬるい源泉がどどっと大量に流れ込んでいる新鮮な湯口から手でくみ取りながら目を浸し、大きくパチパチまばたきをする。

「あーーー。気持ちいい」

貝掛温泉の泉質は、ナトリウム・カルシウム―塩化物泉で、pH７・７の弱アルカリ性。この塩などのミネラルの濃度が涙の成分に近いことも、古くから「目によい温泉」として利用されてきた理由だ。パソコンやスマートフォンなどで目を酷使しがちな現代においても、ますます「目の湯治」は必要になると思う。

さらに――。新鮮な源泉で目を洗う湯治法をすると、目だけではなく、同時に顔も源泉まみれになる。つまり、目の湯治イコール美顔湯治。肌もしっとり保湿されて一石二鳥なのだ。

夕食にも目のための名物料理が出る。古来、目には、肝臓・脾臓に活力を与える食材がよいと伝わっているそうだ。貝掛名物「薬膳玄米粥」は、それを考えて、クコの実、ニンジン、とうもろこし、さつまいも、いんげん、あずきを、南魚沼産コシヒカリの玄米と炊き上げる、目のごちそう料理だ。小さなすり鉢ですったゴマを、たっぷりかけて味わう。

【第8章】　雪景が素晴らしい宿7軒

66. 妙乃湯《たえのゆ》（秋田県・乳頭温泉郷）——湯も料理も良し、気持ちのあったかい宿

森の木々は、すっぽりと雪の綿帽子。宿が近づくにつれて、どんどん雪深くなっていく。路線バスを降りると宿のスタッフが番傘をもって駆け寄ってくる。

「寒かったでしょ。さあ、さあ、こちらでお茶っこでもどうぞ」。宿の大きな窓からは真っ白な雪景色が迎えてくれて、雪国に来た幸せを噛みしめる。「はいどうぞ」。秋田の郷土菓子〝もろこし〟と玄米煎茶、そしてふかし芋。このラウンジは、なんだか居心地がいい。どの客も、すっかり寛いで、そそくさと部屋に行く人が誰もいない。まだ、着いたばかりなのに、ここへ来てよかったと思っていた。

「金の湯」と「銀の湯」、2種類の源泉があって、別々の湯船で楽しめる。貸切風呂も含めると全部で湯船が7つもあって、頑張れば1泊ですべて巡れる。滝を眺める露天風呂「妙見《みようけん》の湯」は、雪の季節の方が迫力があるように感じる。赤茶色の濁り湯と雪景色のコントラストが美しい。幾重にも積もった雪は分厚い層になっている。川の対岸の森の斜面が迫ってくるようだ。手前には銀の湯もあって、ランプの灯りでほっこりできる。ここは混浴だが、男女別の大

浴場からタオルを巻いていけるので、他の女性客に便乗してついて行くと案外気軽に入れる。夕方には女性専用時間もある。

金の湯の泉質は、酸性―カルシウム・マグネシウム―硫酸塩泉。pH２・71の程よい酸性で、肌を活性化させ、しっとりと保湿する。赤茶色になるのは鉄分を15㎎／㎏含んでいるからだ。含鉄泉と呼べる量ではないが、よく温まる温泉だ。

「金の湯」で活性化し「銀の湯」で整える

銀の湯は透明で、泉質は単純温泉。pH６・５の中性。源泉温度が低いので加温してかけ流している。とろんと柔らかな感触が心地よい。金の湯で活性化した肌を、銀の湯で優しく整えて仕上げるのがおすすめだ。

この宿は、〝お風呂エンゲル係数〟も高いが、〝食事エンゲル係数〟も高い。とにかく、次々とご馳走が並び、しかもとても美味しい。

山菜やブリの柚庵《ゆうあん》焼き、ローストビーフなどの前菜を食べていると、「只今ゆであげた稲庭うどんでございま〜す」。秋田杉の小さな器で出来立て熱々が運ばれてくる。「只今、鮎が焼き上がりました」。蔓細工のかごの笹の中には炭が仕立てられていて、芳ばしい香りの鮎が届く。「揚げたてを、はい。どうぞ」。かっぽう着姿のスタッフが天ぷらを配っている。根曲がり竹の熱々揚げたてをはふはふと食べる。「そろそろ、きりたんぽ鍋の火をおつけいたしましょうか」。鶏の出汁がしみしみになった〝たんぽ〟がふわふわで美味しすぎる。〝きりたんぽ〟とは秋田の郷土料理で、もち米を粒が少し残る程度にたたいて棒に巻き付けて焼いた〝たんぽ〟を切ったもののことだ。

あきたこまちのツヤツヤごはんを〝いぶりがっこ〟で味わっていると、大きな鉄鍋から、きのこ汁がふるまわれ始めた。そういえば、冷酒の地酒を注文したら、山盛りの雪にさして出してくれた。なんと風流なことか。雪の秋田を満喫する宿である。

67. 加仁湯《かにゆ》(栃木県・奥鬼怒《おくきぬ》温泉)——たどり着くのは大変でも極楽が待っている

豪雪で氷点下、そして、秘境で遠い。それでも、この宿の極上の濁り湯につかると、とろけてしまいそうに幸せになる。その幸せが忘れられなくて、また、雪の中を「加仁湯」へ向かう。

鬼怒川《きぬがわ》温泉駅から市営バスに乗り1時間35分で終点の女夫渕《めおとぶち》に着く。そこからは一般車両は進入禁止。遊歩道を1時間20分ほど歩いていくか、宿の送迎バスで、くねくねのスーパー林道を25分。奥鬼怒温泉は、日光の大奥座敷なのだ。冬は「加仁湯　雪見風呂送迎プラン」がある。

東武鉄道の下今市《しもいまいち》駅まで宿のバスが迎えにきてくれるので楽々だ。

雪の世界をひた走り、最後はくねくねのスーパー林道、真っ白で何も見えない。秘境の温泉へ来た～という喜びをかみしめて到着する。

ちょっと休憩しようと、加仁湯の温泉まんじゅうを手に取った。むむ？　これは揚羽蝶《あげはちょう》の家紋ではないか。奥鬼怒は平家落人の里だというが、加仁湯の小松家も代々この家紋だという。ご主人の小松輝久さんの面差しが風格ある雰囲気に見えてきた。

極寒の中でとろけてしまいそうな幸せ

温泉まんじゅうとお茶で元気復活、浴衣に着替えて温泉へ向かう。露天風呂は第一から第三まである。わたしのお気に入りは第一露天風呂。男性のみなさまには申し訳ないが、このいちばん奥の絶景露天は、御婦人専用だ。

青白い濁り湯が、雪景色に浮かび上がって、うっとりする美しい光景だ。しかしながら、ここは氷点下、一歩踏み出せば足の裏が凍り付く。寒いを超えて痛い。痛いけれども入りたい。温泉の温度は絶妙なのだが、冷えているので熱く感じる。痛い、熱い、でも入りたい。これを乗り越えて辿り着く極上の湯。「ふぅううう。あったか〜〜い」、これ、これ。これが味わいたくて、冬の加仁湯にやってくるのだ。

第一露天風呂は黄金の湯が源泉で、泉質は含硫黄—ナトリウム—塩化物・炭酸水素塩泉。pH6・4の中性でやわらかな入り心地。濃厚な硫黄で血行が促進されて、肌がつやピカになる。源泉は5本あり、全館どの温泉も源泉かけ流しだ。5つの小さな湯船が並ぶ「ロマンの湯」では5種類の湯の〝利き湯〟ができる。微妙に違う色や感触。温泉好きのココロをよくわかっているご主人ならではのアイデアだ。

夜はライトアップされて、露天風呂からながめる対岸の雪の岩壁が迫ってくるようだ。カモシカがいることもあると聞いて目を凝らして観察したが、この日は見つけられなかった。山菜や川魚を味わう夕食。別注で鹿刺しや、熊刺しなどのジビエも味わえる。熱々で運ばれる山菜のグラタンが美味しかった。

68. 蟹場《がにば》温泉（秋田県・乳頭温泉郷）——三百六十度が雪の森にある露天風呂

「蟹場温泉」の露天風呂「唐子《からこ》の湯」は、宿の外へ出て、森の小道を50ｍほど歩かなければならない。浴衣の上に温かいガウンを羽織り、バスタオルを首に巻いて、長靴に履き替えて、いざ出発。「寒い、寒い」と白い息を吐きながら、雪の道を進む。ぱっと景色が開けて、雪景色の中にぽつんと湯小屋が見える。立ち上る湯煙に感激する瞬間だ。こうしてようやくたどり着く過酷さも冬の温泉の醍醐味なのだ。

唐子の湯は混浴だが、夜は女性専用時間もある。そして、宿泊客しかいない早朝の時間は人が少ないから、アタックチャンス。幸運なことに、この日の朝は誰もいなかった。

朝風呂でダイヤモンドダストに包まれた

温泉に入ってしばらくすると、雪の森にぱーっと朝の光が差し込んできた。キラキラキラ。ダイヤモンドダストに包まれた。温泉の湯煙が瞬時に凍って結晶になり、雪の森も露天風呂も空も、すべてがキラキラの世界になった。三百六十度が雪の森という唐子の湯でしか出会えない、好運が降りてきた瞬間だった。

泉質はナトリウム―炭酸水素塩泉。つるりとした感触で肌がすべすべになる。微細な湯の花がふわふわと舞うこともある。

風情たっぷりの内湯「木風呂」はもう１本の自然湧出の自家源泉かけ流し。こちらの泉質は単純硫黄泉だ。ここも透明な温泉だが、驚くほど大きな湯の花がひらひらすることがある。かつて蟹がいたという沢の石が湯船の奥にある。窓からの雪景色を眺めながら、木の温もりと優しいお湯につつまれる極上の温泉だ。

秘湯ムードの宿だが、リニューアルされた部屋が素敵だ。すっきりした琉球畳にフローリングのモダン和室やベッドがある部屋もある。

地鶏や舞茸がたっぷり入ったきりたんぽ鍋の優しい味わいで心も体も温まる。ぜんまいや根曲がり竹など山の幸が並ぶ。

69. 野の花山荘（岐阜県・新穂高《しんほたか》温泉）——森の中にある2つの絶景貸切野天風呂

露天風呂から眺める錫杖岳《しゃくじょうだけ》がすばらしい。ダイナミックな山のシルエット、切り立った岩壁がそそり立つ錫杖岳を真正面に眺める絶景露天風呂だ。大自然の圧倒的なパワーの中でぽつんと温泉に浸かっていると、日ごろのモヤモヤも、あんなに悩んでいたことも、なんだか小さなことのように思えて笑いたくなった。

「野の花山荘」のまわりはすべてプライベートな森、1万2000坪の宿の敷地のほとんどが自然豊かな森なのだ。ご主人・林英一さんは、自らも建設機械に乗って大きな岩を運び、この大自然の中に絶景露天風呂を造った。男女別の露天風呂は内湯に隣接しているので、寒い冬でも内湯で体を温めてから露天へ行くことができる。雪の森と凍てつく岩壁の錫杖岳を、大きな湯船にざぶんと浸かって眺められる幸せはこの宿ならではだ。

森の中に、ぽつんぽつんと2つの貸切温泉がある。林さんが「自分の入りたいと思う温泉を造った」というこの温泉は、どこまでも続く森の中にある野天湯のような気分が味わえる。見渡す限り宿の森だからこその贅沢だ。吹雪や大雪の時は行けないこともあるが、森の雪に囲まれて入る温泉は夢の世界のようだ。

森の真っ只中にぽつんとある

ひとつは手足を投げ出して入れる丸い大きな岩風呂。自家源泉がたっぷりとかけ流しにされている。もう一つの貸切野天風呂は巨石を組んで造った深めの温泉だ。立って入るほどの深さがあり、ふわふわと浮遊感が味わえてリラックスできる。湯船の中にある岩に腰かけられるのでコタツに入っているような感じで寛げる。

温泉はすべての湯船が自家源泉かけ流し。泉質は単純温泉で、pH6・9の中性。透明だが光が差すと薄緑がかってきて、山のミネラルを感じる。柔らかな肌触りでしっかり温まる温泉だ。

食事処は、がらっと気分が変わるオープンキッチンスタイル。大きなカウンター席に座り、目の前で次々と仕上がる料理を味わう楽しい夕食だ。カウンターの奥には炭火があり奥飛騨の渓流で育つ岩魚もふんわり熱々。メインは炭火で焼く飛騨牛の網焼きステーキ。飛騨牛の魅力である独特な甘い香りを楽しむために塩胡椒だけで味わえば、ジューシーな肉汁と旨味が広がりたまらない美味しさ。仕上げは竈《かまど》炊きのごはんである。ふっくらつやつやのお米から芳ばしい香りがして幸福感に包まれる。

ロビーには、ぐるりと四方から炎を眺めて温まることができる薪ストーブがある。食事の後もなんだか名残惜しく、ここへ人が集まってくる。気が付けばおしゃべりが弾み和やかに夜が更けていく。

70. 変若水《おちみず》の湯　つたや（山形県・月山志津《がっさんしづ》温泉）

――豪雪の露天で明日への力をチャージ

月山志津温泉は日本有数の豪雪地帯にある。出羽三山のひとつ、霊峰・月山の懐にあり山岳信仰の行者の宿場町だった。

　一年にたった6日だけ出現する「雪の旅籠《はたご》」がある。６ｍにもなる積雪が除かれ、雪は高い壁になって道の脇に積み重なっていく。「そうだ。これを使って宿場町を再現しよう」。２００６年から月山志津温泉「雪旅籠の灯り」が始まった。

「つたや」の部屋で迎えてくれるのは「雪太郎まんぢゅう」、宿のオリジナルだ。蔓籠《つるかご》の上に、今つくったばかりの雪ダルマのように2つ並んでこちらを見ている。「雪太郎くん、こんにちは。君を見ただけで、ものすごく癒されました。ありがとう」とつぶやきながらかぶりつく。ぷっくりしっとりした皮が美味しい。頭が白あん、胴体が黒あんだった。こうして雪太郎くんは消えていなくなった。

露天の周囲はふわふわの新雪ばかり

　宿の温泉は「変若水の湯」という。その由来は月山神社の神様の月読命《つくよみのみこと》だ。月の中にいらっしゃる月読命は変若水を持っている。その若返りの水をとってきて、あなたに差し上げ若返らせてあげたいという万葉集の歌がある。死と再生の聖なる山・月山の力をいただきこの温泉で再生して明日への力をチャージする。

　木造の湯屋が素晴らしい。脱衣場も内湯も見上げれば太い丸太の梁と高い高い天井。まるで大きな森に守られているような、どっしりとした安堵感がある。内湯の扉をあけると、檜の香りに包まれる。湯船の底も檜のスノコになっていて、とてもすっきりと気持ちのいい温泉だ。外は、ふわふわの新雪がてんこ盛り。圧倒的な豪雪の風景にテンションが上がる。

なんと、激寒、豪雪にもかかわらず、外の露天風呂にも入れるようになっている。内湯で温まって、思い切って外へ出る。一瞬、「ぎゃー」。でも、「あれ？」。意外にも雪に埋もれた世界は寒くなかった。露天風呂の丸い形のところだけぽっかりと雪がない。雪の洞穴に埋もれるようにして温泉を楽しんだ。

泉質はナトリウム―塩化物泉。塩分が濃く、体の奥深くまでしっかりと温めて血の巡りをよくしてくれる。源泉は冷泉だ。内湯の一角に、そのままの冷たい源泉が、木をくりぬいた大きな桶に入っていて柄杓でくんでかけられる場所がある。冷たいが成分はとても濃厚だ。月山の神様である月読命から授かったありがたい変若水を柄杓で何杯もかけて仕上げ湯にする。この温泉は地球の力、お山の力を享受する素晴らしい泉なのだ。

日が暮れて、雪の旅籠にぽつりぽつりとろうそくの灯りが灯り始めると、あちこちの宿から人が集まってくる。空はまだ深いブルー、真っ白な旅籠にオレンジ色の灯りが揺れている。旅籠の中に入ると暖かい。お土産や雑貨が並ぶ売店や、甘酒やスイーツの店もある。出羽三山の湯殿山神社、羽黒山神社、月山神社も雪で作られていてお詣りができる。

雪と氷のアイスバーが幻想的だ。LEDや有機ELを使うことでブルーに輝かせ雪の中に浮かび上がる。氷のテーブル、氷の椅子、青い世界で飲むホットワインは格別だ。

宿へ戻って、冷えた体を温泉で温める。そこに待っているのは雪太郎くんではないか。木の手桶にちょこんと、地酒の万年雪太郎がいた。お猪口に少しだけついで、一口。宿の粋な計らいだった。

雪国の冬の食事はとても豊かだ。春のもの、夏のもの、秋のものを保存食にして、冬に美味しく食べる知恵が詰まっている。山菜、きのこ、寒干し大根と、豊かな山の恵みが並ぶ。庄内の由良《ゆら》漁港に朝揚がった寒鱈《かんだら》が毎日直送されてくる。熱々の寒鱈汁をはふはふと食べる。新鮮な白子を生で味わい、昆布締めの刺身で旨味たっぷりの身を地酒と楽しむ。寒い冬にしか出会えないご馳走だ。

71. 滝乃家《たきのや》（北海道・登別《のぼりべつ》温泉）——まるで硫黄泉のセレクトショップ

雪の庭へと分け入るように露天風呂へと入る。硫黄の香りがぷーんと漂い、青白い温泉の中へ身を沈めると、じわーっと湯のぬくもりが染みてくる。はらはらと雪が舞い、あたたかな湯

半露天では雪景色がまるで絵画のようだ

の中に溶けて消えていく様子をぼんやりと眺めながら温泉に浸かる。雪の温泉の喜びがここにはある。

「滝乃家」の温泉は、硫黄泉のセレクトショップのような楽しさがある。4種類の源泉は、酸性、弱酸性、中性とpHも違うし、硫黄と鉄とか、食塩とラジウムとか、ミネラルのバランスが異なるので、色も香りも感触も違う。同じ硫黄泉でもこんなに違うものかと、温泉の新しい楽しみが広がる。

大浴場では、2つの源泉を隣り合わせの湯船で入り比べができる。右側は登別温泉の地獄谷に湧く共同源泉で、酸性の硫黄泉。程よい刺激と血行促進作用で肌と体をきりりと活性化する。左側は自家源泉でラジウムを含有する硫黄泉だ。血の巡りが良くなり体の芯まで温まる温泉だが、やわらかな肌触りで癒される。

最上階にある「雲井《くもい》の湯」は正面に大きく開口した半露天風呂だ。雪景色が絵画のように切り取られて、湯面の水鏡にも映る。白い世界にゆらゆらと白い湯煙が立ち上る。この場所で湯浴みをするだけで身も心も美しく磨かれるような気がする。

滝乃家は1917年に割烹料亭として創業した歴史をもつ美食の宿でもある。たとえば毛蟹。

「なかなか難しくなってきておりますが、なるべく活き毛蟹をお出しするようにしています」と女将の須賀紀子さんはいう。

北海道内で産地を変えて仕入れることで、できる限り活き毛蟹をその日に茹でて出すように努めている。活き毛蟹が冷凍ものとは圧倒的に違うのが、甘くとろける蟹みそと、ぷりぷりと輝く真っ白な蟹の身。ぎっしりと詰まった身には旨味が凝縮されている。本当に美味しい毛蟹の魅力をこの宿の心意気とともに、ぜひ味わってみていただきたい。

この宿には総料理長とシェフがいる。和と洋の粋を極めた両者が刺激しあうからこそ、極上の食材に新しい提案が生まれるのである。

北の食卓はお造りも楽しみだ。鮑、マグロ、平目、ぼたん海老が鮮やかに盛られた皿の隣に何かある。ふわふわの泡は、醬油のエスプーマだった。鮑に本わさびをちょっとのせ、泡の醬油をのせて味わう。すると、新鮮な鮑の甘い味わいがまず舌に広がり、その後でわさびと醬油の旨味が混じりあう。これは、新しい驚きだった。泊まるたびに、「やられた〜。こうきたか」とうれしくなる料理に出会えるのが楽しみな宿だ。

72. 都わすれ（秋田県・夏瀬《なつせ》温泉）――雪の森の中で温泉に浸かるユートピア

ここは冬の楽園だ。冬の森は静かに呼吸をしている。シルエットだけになった木の枝の向こうにロマンチックブルーの抱返り渓谷が見える。キンと冷えた音のない世界に響く鳥の声。そして、わたしは、温泉の中でそれに耳を傾けている。

夏瀬温泉までは、角館《かくのだて》駅から車で30分。とはいえ、その道のりは車が1台しか通れない山道を6㎞走らなければならない。ブナの森を通り、エメラルドグリーンの湖を眺めて、ダートな道をひた走り、ようやく宿へたどりつく。ここは秘境のユートピアなのだ。でも、心配はご無用。宿泊者は駅から宿の玄関までの無料送迎がある。

部屋数はわずか10室だが、全室に専用の露天風呂が付いている。部屋から数歩で自分だけの温泉を独り占め。雪の森の中でぽつんとひとり、温泉につかる夢の世界がここにはある。

こんな山の奥までなぜ？　と思うが、この温泉は江戸時代から地域の人が通う湯治場だった。それだけこの夏瀬の〝湯っこ〟に魅せられた人が多かったのだ。その頃の面影をイメージした男女別の内湯「桃源《とうげん》の湯」は、風情ある木造りの湯船が2つ並んでいる。どちらも源泉かけ流しだが、注ぐ湯量でぬる湯とあつ湯になっている。ぬるめの湯で脱力して、あつめの湯でシャキッと元気になれる。

泉質はナトリウム・カルシウム―硫酸塩泉で、pH8・1の弱アルカリ性。透明な湯だが、湯口には温泉成分がびっしり。湯上がりの肌はつるつるしっとり。やさしく包まれるような入り心地だ。

ここが楽園である理由はもうひとつある。それは、秘境の湯宿の概念をがらりとくつがえすご馳走の数々だ。

部屋から数歩で自分だけの露天風呂がある

地元の生産者と直結したこだわり野菜も並ぶ。冬は雪下人参と寒ちぢみほうれん草となるが、寒さに耐えて野菜はどんどん甘くなる。目の前でスタッフが寒ちぢみほうれん草をさっとゆがいてくれて、すぐにほおばる。甘みと濃い味わいがふくよかに広がって感動的だ。

涙ものの美味しさだったのは、白子がごろごろ入った茶碗蒸し。「えーっ。こんなところに、こんな宝物が入っちゃっていいの？」と、悶絶した。生産から飼育まで完全県内産という秋田の黒毛和牛の石焼もものすごく美味しい。

そして、ここの料理長の田口規幸《よしゆき》さんはすごい。独学で研究し、完全マクロビ、完全ベジタリアンの要望にも対応して、普通の料理と同じように楽しめる会席料理のご馳走を出してくれる。ここはすべての人に等しく優しい桃源郷なのだ。

【第9章】　湯めぐりが楽しい宿6軒

73. 中房《なかぶさ》温泉（長野県・中房温泉）──14カ所の温泉を攻略したい！

山のあちこちから温泉が自然湧出している。というか、もう、山全体が源泉みたいな様相で、いたるところから蒸気や温泉が湧き出ている山の中に宿がある。山も宿が所有しているので、露天風呂が山に点在するというか、宿の敷地に点在するというべきか、ともかく、中房温泉には、通常の温泉宿の概念を超えた大きなスケールの楽しみがあるのだ。

「中房温泉」は標高１４６２ｍの燕岳《つばくろだけ》登山口にある。日本アルプスの中腹だ。山歩きや登山をするために泊まる人もいるし、温泉が目的でやってくる人もいる。宿が管理する源泉は29本もある。「そのうちの26本しか使っていないけどね」と、ご主人の百瀬《ももせ》孝仁《たかひと》さんはいう。しかも、まだ、分析していない源泉が山の中にいくつもあるのだそうだ。

いい温泉をゆっくり楽しんでもらいたいというご主人の情熱がすごい。源泉のほとんどは、90℃以上の高温。それを、加水・加温せずに、源泉１００％かけ流しで湯船へと注ぐために、独自の冷却装置を造って温度を下げている。山の冷たい水で熱交換する「水冷式」や、何枚もザルを重ねて温泉を落として冷ます「空冷式」など、どのように手作りの工夫をして源泉の温度を下げているのかを観察するのも楽しい。湯巡りをするときに通路の横などに冷却装置を発見できる。

館内の内湯、山の中の露天風呂、蒸風呂、地熱浴など、全部で14カ所も温泉がある。1泊の滞在で、できる限り色々巡りたいと考えた場合、戦略的に攻略する必要がある。わたしの場合は、まず、女性専用時間がある3つの温泉の時間をチェック。よし、「岩風呂」は15時から女性時間だから、最初にここでウォーミングアップだ。中央の石の塔から勢いよく湯が流れ、ふんわり硫黄の香りがする。とろりとした湯の感触を楽しんだ。

布団を敷いて泊まりたいほど好きな「不老泉」

その後は、明るいうちに山道を登って「白滝の湯」へ行ってみよう。外の露天風呂は混浴だが、バスタオル巻きや湯あみ着がOKなので、先客がいた時のためにバスタオルを用意。簡単なナップザック式のエコバッグに詰め込んで、浴衣にスニーカーでいざ出発。

そんなにハードな登りはなく、鼻歌交じりで森の道を進み10分ほどで到着だ。とにかく温泉がたくさんあるので、案外と〝独泉〟（温泉を貸切のように独り占めすること）できることも多い。開放的な露天風呂は森の緑が降り注いでくるような気持ち良さだ。ちょっと深めの湯船にどぼんとつかると、渓流の水音が聞こえてくる。

戻りながら「御座《ござ》の湯」へ向かう。登録有形文化財の建物の中にある男女別の内湯だ。中房温泉で一番古い木造りの温泉で共同湯のような風情がある。露天風呂も楽しいが、静かに温泉と向き合える御座の湯も好ましい。出たところに飲泉場がある。ここで温泉を飲んだり、山の冷たい水も飲める。樽にきゅうりが冷やしてあったりして、ここで一休み。

「不老泉《ふろうせん》」は19時～22時が女性時間なので夜間にゆっくり楽しむ。湯屋造りの美しい半露天風呂で、開口部からひんやりとした夜の空気がすーっとそよいでくる。ヒバの湯船は深めで、ほどよく配置された岩にちょこんと座ったり足をのせたりして湯を楽しむ。熱くなったら湯船の縁に座っておしゃべりしたり、寒くなったらまた入ったり。できることなら、この温泉の横に布団を敷いて泊まりたいくらい（！）、この湯が大好きだ。

泉質は単純硫黄泉、アルカリ性でヌルヌルつるつる。ふわりとほのかに硫黄が香り、小さな白い湯の花がほんの少し舞う。ほわ～んと骨までほっこり温まる麗しの湯だ。

晴れている日には、地熱浴場に寝転んで星を見る。地熱と蒸気がある岩盤にスノコが置いてあるので、その上に浴衣で寝転ぶ。仰向けになると星が降ってくるようだ。背中を地球に温めてもらっている感覚がして、じわじわと幸福感に満たされてくる。

絶対に忘れてはならないのは、地熱蒸し料理だ。中房温泉の裏の山を登ったところに焼山があり、砂を掘って中に食材を埋めて地熱で蒸す料理が、とてつもなく美味しいのだ。

信州牛のブロックを4時間かけて蒸す地熱蒸しローストビーフは、旨味が凝縮している。安曇野《あずみの》のワインと合わせたい。若鶏を丸ごと12時間蒸し上げる若鶏の地獄蒸しは、ほろほろに身がほどけるほど柔らかくてジューシーだ。どちらも別注で事前予約が必要なのだが、少しずつ食べたい時は地熱料理付きのプランもある。

74. 旅館 山河《さんが》（熊本県・黒川温泉）――7つの温泉巡りと種々の会席料理

坂道を下りて宿の敷地に足を踏み入れると、すっと空気が変わる感じがする。黒川温泉街からぽつんと離れた場所にあるこの宿は、とても静かで隠れ里のような雰囲気がある。

3000坪の敷地は、一面がコナラの森だ。コナラは、花が咲き、秋には鮮やかに色づいて、どんぐりの実がなる。森の中に宿を造ったのだと思っていたら、宿のご主人・後藤健吾さんが、何年もかけて森を造ったのだった。自然の森の中にいるように感じる宿にしたいと、雑木や石をこつこつと運び入れて、今の景観にしたのだ。

ある時を境に、急に欧米からのゲストがやってくるようになった。欧米で人気の旅行ガイド

女性専用「四季の湯」はマルチ美肌の湯

『ロンリープラネット』の人がこっそり泊まりに来て、「山河」を紹介したことがきっかけだ。「ドイツやスイスからの方も多いです」と若女将の後藤麻友さんは言う。

地元の阿蘇・小《お》国町《ぐにまち》の農家が作る野菜はカラフルで美しくて美味しい。熊本名産の馬刺しや阿蘇あか牛ステーキなど、幸せ三昧の会席料理が楽しめるのも宿の魅力だ。

でも、世界中から旅人が集まるようになると、食のニーズもさまざま。訪れる人みんなに、温泉と地元の旬の食材を楽しんでもらいたいと、まずは、若女将自身がマクロビオティックやベジタリアンの勉強をした。そして、特別な調味料や食材を並べて料理長に相談を持ちかけた。「ここにあるものだけで、美味しい料理をつくってもらえませんか」。若女将と料理長が試行錯誤して考えた〝マクロビオティック会席〟は、美味しさも、華やかな盛り付けの美しさも、宿で出している本格会席料理に引けを取らない。

こうして、世界中のゲストが、温泉を楽しみ、自分の食の嗜好に合わせて美しい日本の会席料理を味わうことができるようになった。

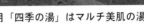

温泉は森の中に点在している。浴衣を着たゲストが楽しそうに行き来し、木陰のテーブルで地ビールを味わう人もいる。それを眺めていると、なんだか、すごくうれしくなってくる。

2種類の源泉があり、7つの温泉を湯巡りできる。温泉付きの部屋も多いので、それを入れると8つだ。古くからある「薬師《やくし》の湯」源泉は掘削自噴泉で、泉質は単純硫黄泉。硫黄と鉄分を少し含有するので血行を促進して発汗を促す。しみじみといい湯だ。

もう1本は、ナトリウム—塩化物・炭酸水素塩・硫酸塩泉。体の芯まで温める塩化物泉、肌をすべすべにする炭酸水素塩泉、しっとり保湿の硫酸塩泉をバランスよく含有するマルチ美肌の湯だ。

チェックインが済んだら、まず、露天風呂へでかける。女性専用の「四季の湯」の温泉は、ほんのりと霞がかかったような、うすにごりの湯。ほんわりと湯煙が立ち上る癒しの世界だ。大きな石のダイナミックな造りのマルチ美肌の湯につかり、コナラの葉っぱが優しく揺れるのを眺める。小川のせせらぎがBGMだ。次に鍵を借りて、貸切風呂の六尺桶風呂へいそいそと向かう。まぶしいほどの緑が大きな桶風呂の湯面に映り、息をのむ美しさである。

ロビーの喫茶コーナーで、阿蘇小国ジャージー牛乳を使ったカフェラテを注文。湯上がりに美味しいコーヒーを味わえるのも、この宿のとっておきだ。

夜は、内湯の「薬師の湯」へ行く。2本の源泉を混合していて、露天風呂とは違う温泉が楽しめる。薬師の湯源泉ならではの、かすかな硫黄の香りや茶褐色の湯の花がたまらない。この湯に入ると不思議とすぐにコテッと熟睡してしまう。

75. 温泉旅館 銀婚湯（北海道・上《かみ》の湯《ゆ》温泉）——温泉好きのワガママを叶えてくれる宿

北海道の大自然の中で、誰にも邪魔されず、人目を気にせず、囲いもなく、自然の中の野天湯のような温泉にどぼ〜んと入りたい。とはいえ、ちゃんと、いい温泉がこんこんとあふれていて、すてきなロケーションで、安心してのんびり温泉を楽しみたい——。

はい、大丈夫ですよ。そんな旅人のとてつもないワガママを見事に叶えてくれる宿が、「銀婚湯」なのである。

1万坪の宿の敷地に5本の源泉があって、合計毎分170ℓも自噴している。湯船は全部で11カ所ありすべて源泉かけ流し。館内の巨大な内風呂と家族風呂だけは温度調整のために湧水を10％ほど加えて混合しているが天然100％を貫いている。

広大な大自然の中にぽつりぽつりと5つの隠し湯があって、これが涙ものの露天風呂なのだ。それぞれの隠し湯への道は、森の探検家のようになる。宿を出て庭の飛び石の道を進む。一歩一歩石を踏むこのプロセスは脳トレーニングにもなる。地図と看板を頼りに自分の目指す隠し湯へ行く。落部川《おとしべがわ》にかかる吊り橋を渡る。これが揺れるし風も吹いてスリリング。でも、ものすごく楽しい。

実はいちばん宿から遠い湯でも徒歩10分ほどなのだが、大自然しかない森の道を歩いたり、どこまでも続く（ような気がする）かつら並木の道を通ったり、「本当に、この道でいいんだよね？」と、ちょっと不安になったころに「あ！　あった〜！」と見つけるので喜びもひとしおだ。

杉の丸太を削って作った「トチニの湯」

隠し湯は、すべて宿泊者専用の貸切風呂なのだが、システムがユニークだ。専用の木札の鍵があって、それはフロントでひとつしかもらえない。つまり、ひとつの湯を楽しんだら、宿まで戻ってきて、別の湯の鍵を受け取り、また、敷地を歩いて温泉へ行く。５つの隠し湯を制覇しようと思うと、大自然の中をてくてく、てくてく、歩くことになり、知らず知らずに美と健康にとっても、いいことになってしまうのだ。

「トチニの湯」は、自噴源泉のうちの川向《かわむかい》2号という源泉を単独１００％でかけ流していて、他に比べて濃いと評判の湯だ。泉質はナトリウム—塩化物・炭酸水素塩泉。成分総計が

862㎎／㎏もあって、地中のミネラルが濃厚。体の芯までしっかり温まり肌がつやつやになる、濃厚栄養ドリンクみたいな温泉だ。2つの湯船を有し、そのうちのひとつは杉の丸太を削って作った湯船。人ひとりがすっぽりと入る大きさにくりぬかれている。「く〜〜う。いいね〜」。まさに独り占めの湯だ。熱くなったらもうひとつの湯船へ移動。川ぎりぎりに造られた四角い湯船で、杉の風呂よりも少しぬるめで癒される。

「どんぐりの湯」は、思わず「わ〜〜。すてき」と叫んでしまう、美しいロケーションにある。川の水面がキラキラと輝き、湯煙がたつ温泉が気持ちよさそうに手招きしているようだ。湯船に入ると、落部川の流れに手が届きそうなほどの迫力だ。野趣あふれる木の屋根も情緒がある。湯船をポコポコと囲む丸い石がどんぐりのように見えることも名前の理由だ。

宿からいちばん近い「かつらの湯」までは徒歩3分。すっと伸びやかなかつら並木が続く道を通って行くのだが、かつらの木は種から植えて育てたものだときいて感激した。近くまで行くと、なにやら大きな岩の上に湯小屋が建っている。なんと、駒ヶ岳から35ｔもの巨石を運び入れ、自分たちの手で岩の上をコツコツ掘って湯船を造った岩上の温泉だ。すごい。すご過ぎる。

名物の「鶏のすき焼き」は、ぷりぷりの鶏肉と野菜の他に、きのこや山菜も盛り沢山。鶏肉はいろんな部位を使っている。近所の松永農場で健康的に育てられたニワトリが生んだ「レモン色の黄身」の卵をつけて味わう。

76. 槍見《やりみ》の湯　槍見館（岐阜県・新穂高温泉）――4つの貸切風呂を有するもてなしの宿

宿から、河原へと降りて温泉へ向かう。この道の景色が旅情を誘う。日本秘湯を守る会の提灯が湯小屋の入口に灯っている。

左の石段を登ると「槍見の湯」だ。ど～んと開放感がある露天風呂。蒲田《がまた》川《がわ》の広い川原に突き出すように作られていて、すごく気持ちいい。北アルプスの山々と槍ヶ岳が眺められる名物露天風呂は、やはりこの宿の花形だ。混浴だが、女性は専用の湯あみ着を借りられる。朝の女性専用時間にゆっくり入れるのも幸せだ。

4つの貸切風呂が面白い。水車小屋をイメージした「ほたるの湯」は、暗めの切石風呂で静かな湯浴ができる。

「渓流の湯」は湯船ごと激しい渓流に流されてしまうのではないかと思うほど、川の流れが近い。ちょっとドキドキするくらいの迫力が忘れられない。

「森の湯」は、木造りの湯小屋で、なんと、滑り台で湯船へどぼ～んと入れたり、打たせ湯や木のブランコまであって、大人でもはしゃいでしまう。

北アルプスと槍ヶ岳が眺められる名物露天

「播隆《ばんりゅう》の湯」は、ご主人が〝月見で一杯〟をイメージして作った温泉だ。湯船の中のベンチシートに腰かけて渓流の月を眺めてほっこり寛げる。

男女別大浴場は内湯だが、角部屋のようになっていて、大きな2面の窓から北アルプスの絶景がパノラマ状に広がる。檜風呂へ大量にかけ流されている温泉は、同じ源泉だが、ハリがあって肌にぎゅっと寄り添ってくる。小さめの浴槽には共同源泉の別の湯が入っているので、微妙な違いを入り比べて肌で確かめられる。温泉好きはこういうことが大好きだ。

なんというか、この宿はひとつひとつのおもてなしに心が温まる。ロビーには山の冷たい水でビールやジュースなどが冷やしてある。飲みたくなったらそこから取って、横にある伝票に自己申告で記入すれば良い。隣には熱い源泉で温泉たまごが温まっている。湯巡りをして小腹が空いたらおやつに食べられるのだ。

毎朝、アナウンスが流れたら、餅つきだ。老若男女、そして海外からのゲストもこぞって集まってくる。「よいしょ〜。よいしょ〜」の掛け声で、みんなでついた餅は、その場できなこをまぶして振る舞われる。これがとても美味しいので、餅つき前の朝食では、餅が入る分だけの別腹をとっておかねばならない。

77. 旅館　藤もと（熊本県・奥満願寺《おくまんがんじ》温泉）——8室に対して13の湯船がある美肌の湯（コロナ禍のため2022年閉業）

プチプチと炭酸の泡がはじけているのがわかる。フレッシュな源泉が大量に注がれる湯口の下をみてうっとりしてしまった。「いい湯だな〜」と目を細める。薄い味噌汁のような色をした薄濁りの温泉は、いかにも大地のミネラルがザクザク入っていますよという感じ。泉質は、ナトリウム―塩化物・硫酸塩・炭酸水素塩泉。塩の成分がベールのように肌を包んで温め、しっとり、すべすべになる美肌三兄弟が揃った温泉だ。

一番のお気に入りは川の野天湯にいるような気分になれる露天風呂。川原の巨石をくりぬいて作られた湯船は、温泉に入ると川の流れと目線が一緒になる、言わば〝川インフィニティ〟風呂だ。宿のゲストしか行けない場所にあるので、安心して大自然を満喫できる。

8室だけの宿なのに、13も温泉の湯船がある。つまり、ほとんど、どの湯船に入っても〝独泉〟できるほどゆったりなのだ。2つの大浴場は男女入れ替えで、両方楽しめる。内湯から外にでると、趣のある石の露天風呂。大きい方は熱めで小さい方はぬるめ。石段を降りて行くと、川インフィニティの露天風呂だ。

　もうひとつの大浴場も内湯があり、外へ出ると大きめの石の風呂。こちらは石段の下に露天風呂が2つある。ひとつは、丸くて深めの湯船。紅葉が覆いかぶさるようにあって、秋は真っ赤に色づく。もうひとつは、2人並んで入るような横長の湯船。どちらも渓流を眺められる気持ちのいい温泉だ。

　さらに、空いていれば何度でも無料で入れる貸切風呂が4つもある。いちばん奥の「天の湯」は滝のように豪快に流れ落ちる渓流を見下ろす場所にある。4つすべてのデザインが異なり、どこに入っても楽しい。

これぞ〝川インフィニティ〟風呂

　この宿には、とびきり美味しい肉をがっつり食べたい時に行くことにしている。精肉店を営んでいた経緯から肉選びへの情熱がすごい。「こだわり厳選！極上ステーキ『あか牛』ｏｒ『黒牛』選べるグルメプラン」という、考えただけで元気が出そうなプランがあるので、必ずこれで予約する。ふたり旅なら、両方ひとつずつにして、食べ比べができるから理想的だ。
　肉本来の旨味が噛むほどににじみ出てきて、じんわりと美味しい「あか牛」か。やっぱり王道の霜降りでジューシーな肉汁があふれる「黒牛」か。「う〜〜ん。あか牛、美味しいね」「うわ〜。黒牛も、たまらないね〜」などと、会話も弾み、気が付けばぺろりとたいらげてしまう。極上の肉は体を温めて元気をくれる。お疲れぎみの時には、この宿の温泉と肉でパワーチャージだ。

78．元湯夏油《げとう》（岩手県・夏油温泉）――自噴泉王国の秘湯で湯巡り三昧

自噴泉王国にやってきた。すべての露天風呂は、夏油温泉が発見されて以来、こんこんと湧き続ける自噴泉の源泉がそのまま湯船になっている。内湯も源泉100％のかけ流しだ。宿には7つの温泉があって湯巡りができる。まさにこの秘湯はみちのくの自噴泉王国なのだ。

北上駅から一日1本の送迎車で50分。だんだんと山奥に入ってきて、くねくね道はどんどん狭くなる。夏油温泉は5月〜11月中旬だけの営業だ。

「元湯夏油」にチェックインしたら、浴衣に着替えて露天風呂へ向かう。この道はかつての温泉街なのだが、そのまま廃業した温泉宿が並んでいて、ノスタルジックな空気が漂う。異次元世界に迷い込んだような、今にも湯治客が行き交う情景が甦ってくるような、不思議な感覚になる。

この狭い板を渡って対岸の湯へ

自噴源泉が湧出する場所にあわせて点在する5つの露天風呂は夏油川の渓流沿いにある。まずは、女性専用の「滝の湯」へ。源泉温度は55・5℃、泉質はナトリウム・カルシウム―塩化物泉。ほのかな硫黄の香りが漂う。湯小屋に囲われていて、大きく開口した窓から見える渓流の紅葉が目に眩しい。手前の湯船のぬる湯でぼーっと景色を眺めながら湯につかる。奥の湯船は熱くて、きゅうっと気合が入る。

ほかの4つの混浴露天風呂は、それぞれ時間をずらして女性専用時間が設けられているので、女性の宿泊客はそれを目安に移動して湯巡りをする。だんだんと、仲間のような気分になって、「ここは少し熱いですね」とか「あ、この岩の間から源泉が出ていますよ」などと会話が始まりすっかり仲良しになっている。

渓流の近くへ下っていくと、風情たっぷりの湯小屋が川の両側に見えてくる。手前の大きい方は「真湯《しんゆ》」。源泉温度55・1℃、ナトリウム・カルシウム―塩化物泉。つるりとしたやわらかな塩湯で、掘削自噴の源泉かけ流しだ。

対岸の「女の湯」（目の湯）には、幅が狭い板だけの橋を渡っていく、ちょっとした冒険だ。ここは小さい湯船のぬる湯。足元からも岩壁からも源泉が勢いよく自噴している。ぷくぷくぷくぷく。じっと入っていると、温泉がひっきりなしに話しかけてくるようだ。源泉温度は48・2℃。ナトリウム・カルシウム―塩化物・硫酸塩泉。うす濁りの温泉は山のミネラルがたっぷり。

「疝気《せんき》の湯」も足元からぷくぷくと自噴する。いちばん奥の「大湯《おおゆ》」は湯船の深いところの岩の割れ目から大量に自噴していて最も熱く感じる湯だ。がんばって入ると徐々に体に馴染んできて熱さが気持ちよくなってくる。

内湯の「小天狗《こてんぐ》の湯」へ行ってみた。湯船からとめどなくかけ流される温泉で、浴室の床全体が棚田のようなアートになっている。「美しい……」。歩くと足の裏が痛いが、これは絶景に違いない。

【第10章】 現代湯治の宿6軒

79. サリーガーデンの宿　湯治《とうじ》柳屋（大分県・別府鉄輪《かんなわ》温泉）

―蒸し釜を試しながら何泊もしたくなる

別府温泉郷には、他のどこにもない不思議な魅力がある。温泉地、観光地であるだけでなく、生活の場であり、街であり、人々の暮らしと温泉が密着している。繁華街にも温泉があり、バーやカラオケスナックの裏路地に入るとそこが共同湯だったりする。普通の家や商店でも自家源泉があったりして、食堂で定食を食べると入れる温泉とか、喫茶店でコーヒーを飲むと入れさせてもらえる温泉とかがあったりする。

「湯治柳屋」はかつて老舗湯治旅館だった。経営を引き継いだのは、大分で人気のシフォンケーキの店「サリーガーデン」を営むオーナーの橋本栄子さん。橋本さんと話をしていると、まるで鉄輪温泉で生まれ育ったかのように、この土地と温泉文化を深く愛しているのが伝わってくる。

彼女は元の湯治宿の趣を残しつつ、元の旅館をレトロモダンに改装した。印象的な柳屋の暖《の》簾《れん》の文字は望月通陽《みちあき》氏のデザイン。館内にも望月さんの作品が飾られていて、歴史を刻んだ老舗の湯宿とのハーモニーをなしている。

漆喰と太い梁の本館の中へと入ると、その奥が深い。宿の中心にある中庭は「癒し」の場所。なぜ、癒しなのかというと、裏路地っぽい雰囲気とか、差し込む光とか、さりげなく置かれた椅子とテーブルとか、すべてがいい感じなのだが、いちばんの理由は「地獄釜」(温泉蒸気の蒸し釜)だ。〝地獄〟があるからこそ癒される風景がここにはある。

「地獄釜」での料理は実に楽しい

別府温泉郷の中でもこの宿がある鉄輪温泉エリアは、暮らす感覚で湯治逗留ができる宿が多い。温泉に寄り添って、地獄釜とともに暮らす人たちの知恵や愛が溢れている。

柳屋の地獄釜は、宿に滞在するゲストの自炊キッチンだ。下にあるバルブを開けると勢いよく噴き出す温泉蒸気。塩を含む温泉の高温蒸気で蒸し上げる。竹のザルに食材をのせて地獄釜に投入し、15分から20分もすると、食材の旨味や野菜の甘味がぐぐっと引き出された、絶品温泉料理が出来上がる。

地獄釜の横に、食材によっておすすめの蒸し時間も書かれているし、野菜などを少しずつセットにしたものを買える店も近くにあるので、初めての人でも気軽に自炊湯治に挑戦できる。

温泉蒸気の魔法にかかれば何でも美味しくなってしまうのだ。

釜のふたを開けていい香りが漂ってくると、なんとなく、滞在中のゲストが集まってくる。「昨日よりうまく出来たよ」とか、「それ、美味しそう、どうやって作るの?」「よかったら一緒に食べますか」とか、盛り上がったりする。それは、まさに鉄輪温泉そのもの。この温泉には、高温の源泉を蒸気と熱水に分けて、温泉にも調理にも使うという日本の知恵と文化が今でも息づいている。

地獄釜の横には「飲泉場」もある。塩を含む温泉は、美味しい出汁のような味わい。小さなカップに少し注いで、ちびちびと噛みしめるように飲むのがコツだ。内臓を温めて胃腸を活性化してくれる。自家源泉は柳屋の敷地内にあり、シュウシュウと湯煙があがっている。泉質はナトリウム—塩化物泉、pH3・3の弱酸性で肌に優しい。塩の成分が肌をベールのように覆い、しっとりぽかぽかが持続する。

そして泉質名にはでてこないのだが、メタケイ酸を477・7㎎/kgも含有しているので、とろりとまろやかな肌触り。メタケイ酸とは、わたしが温泉ビューティ研究家として着目してきた成分だ。日本の温泉にはメタケイ酸が多く含まれている。50㎎/kgあれば温泉として認められる数値であり、100㎎/kgを超えると温泉の肌触りが柔らかに感じられて、美肌のサポーターとなる。主役として活躍するわけではないが、温泉成分を肌へと運ぶブースターのように働く名脇役だ。鉄輪温泉エリアはこの柳屋のようにメタケイ酸がたくさん入っている温泉が多い。

この宿の魅力は、いろいろな泊まり方ができることだ。旅館部とシンプルな湯治部と離れタイプが選べる。新館・旅館部の部屋は、和室にベッドがあって快適、畳でゴロゴロくつろいだりできるし、硬めのベッドでぐっすり眠れる。

素泊まりと1泊朝食が基本なのだが、食事は地獄釜の自炊も楽しめるし、なんと宿の中庭にイタリアンレストランがある。お隣の家へ入るようにガラリと扉を開けると、そこは美食のレストラン「オット・エ・セッテ オオイタ」。地産地消100%の大分を味わうローカルガストロノミーだ。鉄輪温泉の地獄蒸しという調理法に魅せられた梯《かけはし》哲也シェフは、地獄蒸しと温泉水を使って、この地でしか味わえないイタリアンを創り出す。

一泊はレストランで美食を楽しみ、一泊は地獄釜の自炊に挑戦、さらに一泊は鉄輪の温泉街で外食などと、どんどん連泊したくなり、暮らすように温泉で過ごせてしまう。

80．養生館《ようじょうかん》はるのひかり（神奈川県・箱根湯本温泉）
——現代湯治の巡礼地で味わう養生食の幸せ

自分のための温泉旅をする人が急速に増えている。頑張った自分へのご褒美に温泉へ行く。地域の料理と温泉で癒され、明日からの糧にする。ストレスや不摂生が続く心や体のメンテナンスに、自然に触れて優しい食事と温泉で養生する。そんな時代を反映する現代湯治が注目されている。従って、自分の好きな時に出かけて好きなように過ごす、〝ひとり温泉〟に出かける人も増加しているのだ。

この宿が箱根に誕生したというニュースを聞いた時は、ついに来たか！　と小躍りした。現代湯治の時代がくると確信していたので、箱根という近場に自分を癒すための温泉宿ができたことがとてもうれしかった。

「養生館はるのひかり」になる前は、宴会や団体客中心の宿だったが、一念発起して2015年秋に新装オープン、温泉と養生食で心と体を整える〝逗留湯治〟の宿に生まれ変わった。

部屋は3種類あり、一番人気は「おひとり部屋」。フローリングのスッキリした部屋にセミダブルのベッド、テレビ、Wi-Fi完備のデスク、テラスにも机と椅子。パソコンを抱えて出かけて執筆に勤しむこともできる。

さらに和洋室ツインの部屋だと専用の書斎があり、立派なパソコンデスクとチェアがあるので集中して仕事を片付けたい時には書斎に籠るのもありだ。やってみたことがあるが、ここまで仕事が進んだら温泉に入ろうとか、食事までになんとかこれを終わらせようとかと、集中するので意外にはかどる。

野菜と玄米が最高に美味しい

自家源泉かけ流しの温泉は、ぬる湯とあつ湯になるように工夫されている。泉質はナトリウム・カルシウム―塩化物・硫酸塩泉で、pH8・2の弱アルカリ性。肌を保湿し、体を温め、湯上がり後もぽかぽかしっとりが持続する。
温泉好きとしては、思わずニヤリとしてしまうポイントが2つ。ひとつは湯口を設けて上から注ぎ入れるのではなく、湯船の下の方から滔々と源泉を注ぎ入れている点。源泉が空気に触れずに注がれるので新鮮な湯が楽しめる。そしてもうひとつは温度が異なる湯船があること。ぬるめの温泉は、ぼーっとのんびり入ることができるし、熱めの温泉はスッキリ元気になれる。ぬる湯とあつ湯に交互に入れば血行が促進されて疲労回復を後押し。夜もぐっすり眠れる。

　こうして彗星のごとく現れて、現代湯治の巡礼地になったのは、湯守の米山雄二郎さんの自然食への思いが本物だったからだと思う。

　米山さんは農大出身で、自ら箱根湯本にある自家農園で野菜やハーブも作っている。箱根・小田原の近隣で無農薬露地栽培で野菜を育てる農家さんがあるということも驚きだったが、そこからも野菜を仕入れる。大地と作物本来の力だけで育つ野菜やお米を使った養生食からは、生きる力を授かるように感じる。食材ひとつひとつが吟味《ぎんみ》されたもので、誰がどうやって作っているかが明確だ。しかも、とびきり美味しいことに感激する。発酵についての知識も豊富で納豆や辛子味噌、酵素ドリンクなども自家製だ。

　料理は3日ごとの日替わりメニューが基本。わたしのお気に入りは「畑のごちそうサラダ」で、自家製豆乳ソースがこれまた絶品なのだ。小田原・風間豆富店の豆乳と胡麻で作る滑らかなソースが野菜たちを引き立てる。養生食といっても、ビールや地酒、自家製果実酒なども揃っているので、女性だけではなく、友達同士やご夫婦、はたまた男性のおひとり様にも人気だ。

　仕上げの感動は発芽玄米だろう。「高井おばあちゃんの無農薬自然栽培の米」は小田原産無農薬栽培のキヌヒカリという品種。ふっくらつやつやに炊きあがった玄米ごはんは、ハミハミと噛みしめるごとにお米の甘味がじわっと広がり幸せになる。

81. 丸屋旅館（山形県・肘折《ひじおり》温泉）――和モダンの空間でとびきり美味しい山菜を

肘折温泉は出羽《でわ》三山《さんざん》のひとつである霊峰月山《がっさん》への信仰が今も深く残る湯治場だ。月山へ参拝する前にこの温泉でみそぎをして白装束《しょうぞく》に着替え、懺悔《さんげ》懺悔《さんげ》六根清浄《ろっこんしょうじょう》を唱えて登山をする。「丸屋旅館」も昔は宿坊《しゅくぼう》で、その後、湯治宿になった。

もっとゆったりと過ごせる宿にしたいと、オーナーの三原玄さんは思い切った改装をした。ふすま1枚で仕切られた2部屋を1室にし、7室だけのプライベート感のある宿にした。内装は山形の金山杉を使い、暖房は温泉熱を利用したコイルオイルヒーター、共同炊事場だった場所は月山水系の湧水にふれられる水蔵だ。

打ち水された宿の玄関の暖簾《のれん》をくぐると和モダンの空間。部屋はひとつひとつ趣が違うが、たとえば、壹号室は畳のお部屋にシモンズ製のベッド。主人の三原さんが、ふらりとショールームによって寝心地をためしてみたところ、うっかり熟睡してしまい、即注文したという逸話がある。「一度布団に入ったら、もう起き上がりたくないでしょ」と、部屋のすべての照明を枕元で調整できるようになっている。

貳号室は、わたしにとっては懐かしい部屋だ。初めて丸屋旅館に泊まったのは改装前で、こ

朝市は絶対にはずせない

の部屋には当時の面影が感じられる場所がある。それは部屋の広縁だが、元の廊下をそのまま長い広縁として活用している。丸いデザインがあしらわれた障子越しの光が美しい。窓の外には薬師神社と温泉街が見えゆったりと寛げる部屋になった。

開湯1200年の歴史ある肘折温泉は、温度79〜80℃と高温で、成分総計も3000㎎／kgを超える。こっくりと濃い温泉は黄緑色の濁り湯。泉質は、ナトリウム―塩化物・炭酸水素塩泉、体の芯までぐっと温まる温泉だ。男女入れ替えで入れる内湯は青森ヒバの湯とひのきの湯、ヒバの湯の外には露天風呂もある。よく見ると貸切風呂の入口に「貸切混浴風呂」と書いてある。ん？　混浴限定か？　と、つぶやきながら、独り占めして入った。ここは、空いていればいつでも無料で楽しめる。

肘折の山菜はとびきり美味しい。それは地域特有の土壌のおかげだという。この地域は、1万年前の噴火によってできた「肘折カルデラ」の中にある。堆積した火山灰や溶岩の土壌の上に豪雪が降り積もり、その土壌を通った雪解け水が栄養分を与えて、山菜は1日でぐんぐん成長する。おかげで筋の少ないやわらかな山菜が採れるというわけだ。丸屋旅館で味わえる山菜料理は種類が豊富なことにも感激する。5月下旬から6月上旬が最も旬で狙い目だ。

ここでは早起きが鉄則だ。なぜなら、早朝から始まる朝市が、ものすごく楽しいからだ。朝6時くらいには、どこにこんなに人がいたのかと思うほど、浴衣姿の人々で温泉街はいっぱいになる。しかも、毎日だ。

地元のおかあさん達が、朝穫った山菜や野菜、きのこを並べる。さらに、自家製の南蛮味噌や漬物なども売っていて、これがとても美味しい。みんな競って買い物をしたり、試食したり、ものすごい活気だ。雪の季節はお休みだが、春の山菜に始まり、巨大ななめこが並ぶ秋の時期まで、賑わいは毎朝つづく。

82. 束《つか》ノ間《ま》（大分県・由布院温泉）――ミルキーブルーの美しい湯と3食が選べる食事処

初めてこの宿の温泉を見た時は、夢を見ている気分になった。ミルキーブルーの美しい湯の色――。こんな色の温泉が本当にこの世にあるなんて。どうしてこんなに美しい色のお湯が湧いているのかしらと、しばらくは、ただただうっとりと温泉を眺めてしまった。恥ずかしくなるくらい長い間、立ちすくんで温泉を見つめていた。

温泉に入ってみると、さらに最大級のうっとり。まるで美容液のように、とろんとろんの感

夢見心地にさせるミルキーブルー

触なのだ。美しい色でしかも極上のとろみ。泉質はナトリウム—塩化物泉。この温泉もメタケイ酸が多く含まれていて、それが、空気に触れて結晶化し、太陽の光を反射させて青く見えるという説もある。とろとろの感触が気持ちいいだけでなく、メタケイ酸が肌へと水分を運び、塩の成分が被膜となって肌に潤いを閉じ込める。湯上がり後もしっとりつや肌が持続する実力派の美肌湯だ。

「庄屋の館」という名前で営業していた宿を先代の娘さん夫婦が引き継ぎ、コツコツと数年かけて白を基調にしたシンプルなデザインに変えていった。そんな矢先に熊本の大地震があった。

震災の影響で源泉の調子が悪くなり、しばらく休業して本格的なメンテナンスをしなければならない事態となった。それをきっかけに、部屋などにも手を入れて、シンプルステイで由布院を楽しめる滞在型の宿「東ノ間」へと新しいスタートを切ることにしたそうだ。山の傾斜地に一軒家タイプの10棟が点在、温泉がある集落に暮らすような感覚だ。

部屋には専用の温泉もある。ここも同じ源泉をかけ流しにしているのだが、大露天風呂のように濁り湯のミルキーブルーではなく、透明でうっすらとブルーがかってみえるくらい。実はこれは、新鮮な源泉を注いだばかりで、まだ誰も入っていない証し。「フレッシュな湯でラッキー！」と、自分だけのために注がれた温泉を楽しむ。

築100年を超える豪商の家を移築した建物がレセプションで、そこで受付をする。宿は素泊まりスタイルで、敷地内に温泉蒸気で調理できる場所がある。由布院の町に食べに行ったり、テイクアウトができる店のリストも用意されていてまさに暮らすようにのんびり温泉滞在が楽しめる。これは温泉保養地としての在り方を模索してきた由布院温泉らしい宿のかたちのひとつかもしれない。

83. 百年ゆ宿　旅館大沼（宮城県・東鳴子《ひがしなるこ》温泉）——一汁三菜と8カ所の温泉で心を癒す

宿のご主人・大沼伸治さんは、いつも新鮮な驚きと大きな楽しみを運んでくれる。「これからは現代湯治の時代だ。都会の人が体と心を癒すには温泉が必要だ」と、10年以上前から、現代人のための湯治場を目指して突き進んでいる。

体と心をリセットするために温泉宿で食べる食事はどんなものがいいだろう、と、一汁三菜プランを始めた。発酵玄米ごはんと地元の野菜を中心とした食事プランができたことで、自分の心身のメンテナンスにと、ひとり旅や女性客がこぞってこの宿へ泊まるようになった。

一汁三菜といっても満足感がある。前菜小皿は3つの小鉢で一菜と勘定する。湯葉の刺身、ヤーコンのきんぴら、冷奴など、これを肴に地酒を楽しむ人もいる。二菜めとして、夏は大きな茄子、冬は大きなふろふき大根に出汁あんと柚子味噌がのったもの、揚げたての天ぷらも運ばれて来た。

もう一品の料理長手作りの飛竜頭《ひりようず》と地野菜鍋は、出汁を最後の一滴までのみほしたくなる美味しさだ。これに地元産の玄米に塩竈《しおがま》の藻塩《もじお》と国産の小豆で炊き上げた玄米ごはんと味噌汁、漬物がつく。ごはんのお伴が面白い。煎った白胡麻と黒胡麻、塩竈の藻塩、そして、α-リノレン酸たっぷりのえごま。これらを小さなすり鉢ですってごはんにかけたり薬味にしたりする。一心不乱にすり鉢でする姿が、一汁三菜に臨む儀式のようだ。

最近の大ヒットは、地元農家さんたちと始めた「農《ノウ》ドブル」だ。これがまた、楽しすぎる。東鳴子温泉がある大崎市の旧玉造郡《たまつくりぐん》全域は世界農業遺産に認定された。鳴子温泉郷の周りには、思いのある作り手がたくさんいる。それらを相互に繋ぐのは、まさに現代の湯治場の姿ではないか。と、「旅館大沼」の湯治客と地元生産者、プランナーなどが自然発生的に集まり、時々、湯治ナイトをするようになった。かくして、アイデアマン大沼さん命名による「農ドブル」が生まれたのである。

盛り沢山の「一汁三菜」

　里山料理「農ドブル」は、その季節に採れるものを使い、その時集まれる作り手さんがふるまう地元食材料理のケータリングサービス。作り手の食材は野菜だけではない。こだわりの米、養鶏家の産み立て卵、麹屋の味噌、自家製ハム、野菜のジェラートなど多彩だ。作り手が直接料理をふるまってくれるので、地域の人々と熱く語り合える。これぞ、新しい湯治場の形だろう。

宿には2種類の源泉があって、別々のお風呂で楽しめる。温泉に入れる場所は8カ所もあり、そのうちの5つが貸切可能。玄関には「婦人名湯」の看板がかかっている。自家源泉は、ナトリウム―炭酸水素塩泉（純重曹泉）で、全成分の80％以上が炭酸水素ナトリウム（重曹）成分である。重曹は汚れを落としたりアクをとったりするときに使うが、まさに、この温泉に入ると肌がなめらかつるつるになる。赤湯と呼ばれる紅茶色の温泉で、植物由来のモール成分を豊富に含み、木材のような癒される香りがする。体が温まり、すべすべになった肌にしっとりと潤いを補給してくれるので、お手入れ要らずの美肌湯なのである。

心のデトックスをして森の息吹をチャージしたい時には、貸切露天風呂「母里《もり》の湯」へ行く。この湯は宿から少し離れた山の中にあり、歩いても数分のところだが、入浴時間に合わせて車で送迎してくれる。

湯小屋の木戸を開けると、温泉が流れる音が水琴窟《すいきんくつ》のように響いている。ここはお茶室にいるような気分になれる心落ち着く場所だ。春は桜、夏は緑、秋は紅葉、冬は雪見と四季折々の風情がある。源泉は湯船の下から静かに注ぎ入れていて、水鏡になった湯面に森の緑が映っている。景色の中へ分け入って湯に浸かると、程よい熱さの温泉が体に染みわたってくる。「ケケケケケ」。湯船の向こうの水庭で蛙《かわず》が鳴いている。大きな桜の木の葉を揺らして山からの風が吹いてくる。ちょろちょろちょろ。竹筒の湯口から時折熱い源泉が注がれる。じっと動かずにいると、その波紋が湯船の縁まで広がっていく――。

こんな静かな時間こそが、忙しい現代人に必要なのだと思う。こちらの源泉は、ナトリウム―炭酸水素塩・塩化物・硫酸塩泉。すべすべ、しっとり、ぽかぽかがバランスよく入った美肌ブレンドの温泉だ。

84. 川島旅館（北海道・豊富《とよとみ》温泉）
―世にも珍しいオイル温泉と悶絶必至の「バターごはん」

日本最北端の線路がある稚内《わっかない》駅。ここから鉄道に乗りたくて、豊富駅までJR特急で40分南下していくことにした。サロベツ原野も楽しみだなあ、その先の海岸から利尻富士に沈む夕日を見たいなあ、などと想いを馳《は》せていた。青い列車がホームに入ってきて、いざ出発、とワクワクしていた数分後、なんと、旭川周辺の大雨の影響で突如列車は運休になってしまった。こんな最果ての地での大波乱も後になれば楽しい旅の想い出だ。

豊富温泉は、「オイルバス」という大変珍しい温泉だ。温泉の表面にオイル状の温泉成分が、

これが悶絶必至の「バターごはん」

ぷかぷかと浮いてドレッシングみたいになっている。シェイクして使うオイルインの美容液みたいな状態だ。

　源泉は、かつて石油採掘をしていた時に、天然ガスと一緒に噴出したもの。天然ガスは別にして活用し、オイルの混じった源泉をそのまま利用しているために、このように独特の温泉になったのだ。皮膚に悩みを持つ人の救世主となり、全国各地、そして世界中の国からこの温泉を求めてやってくる。町営の温泉施設・ふれあいセンターには、湯治の相談に乗ってくれるコンシェルジュデスクもある。

　そのすぐお隣に、とてもモダンでナチュラルな建物がある。それが「川島旅館」だ。湯治宿として90年の歴史を刻んだ宿を3代目として引き継いだ松本康宏《やすひろ》さんは、スイーツ好きの料理人。女将の美穂さんは、環境設計デザインの世界から女将業へ飛び込んだ。この若い2人が老朽化した旅館を建て替え、2016年に新しい川島旅館を始めたのだ。

　暖炉がある吹き抜けのロビー。フローリングの木の感触が気持ちいい。ホルムアルデヒドを使用しない天然素材の建築で、部屋もフローリングにベッド。すっきりとしたインテリアの部屋はロングステイしたくなる雰囲気だ。ひとり滞在のためのシングルルームもあるし、2階には屋根裏っぽいデザインのツインルームもある。アトピー性疾患の湯治のために長期滞在する人もいるし、サロベツ原野や温泉を楽しんで1〜2泊で帰る人もいる。それがごく自然に共存できる空間だ。

川島旅館の男女別大浴場は、内湯は、ややぬるめに温めた温泉と、源泉そのままの温度（20〜35℃くらい。季節によって変動）の冷たい湯船があり、外の半露天風呂は少し熱めと、3段階の異なる温度で入れる造り。ヒバや檜のような香りのふわふわしたオイルがお湯に浮かんでいる。3つの湯船を巡っているとあっという間に温まって爆発的に発汗する。

泉質は塩の濃い含ヨウ素―ナトリウム―塩化物泉。殺菌作用のある塩とヨウ素、そして塩成分と温泉に含まれる植物由来の大地のオイル成分が肌の上をカバーして、湯上がりの肌はしっとりつやつやつやになる。

料理は主人の松本さんが担当する。札幌の料亭、イタリアン、チャイニーズと、様々なジャンルの修行を重ねて、豊富町の豊かな海と大地の食材から作る料理は楽しさにあふれている。川島旅館伝統の海鮮鍋は、ひいおばあちゃんの時代から変わらぬレシピで優しい味わいだ。その後に蟹がたっぷりのシーザーサラダが出てきたり、鱈《たら》・蛸《たこ》・海老と野菜のトマト煮込みが出てきたり。この日のメインはエゾシカのたたき。旨味たっぷりの赤肉の魅力を味わえる北のご馳走だ。

しかしながら、結局これに行きついてしまう美食の終着点がある。それは「バターごはん」である。この宿のオリジナル「バターフィールド」は、実は全国の百貨店催事などで激売れしているヒット商品だ。豊富町は人の数より牛の数が多いと言われる日本最大級の酪農の郷。その新鮮な牛乳を使って門外不出のバターを作り、そこに北海道のさまざまな素材を練り込んだ独創的なバターフィールドだ。

サロベツ原野がある豊富町の牛は、ひと牛が占有できる牧草地率が日本ナンバーワン。美味しい牧草だけで幸せに育つ牛の牛乳で作るバターフィールドは、軽やかなのに、後を引く旨味がある。礼文《れぶん》のエゾバフンウニのバター、利尻昆布のバター、八雲の服部醸造のドライ味噌のバター、標津《しべつ》の鮭節《さけぶし》バター、道産山わさびバター。これらを炊きたて熱々のゆめぴりかの雪原にのせる。とろりと溶けてきたら、ちょっとだけ醬油をかけて、パクリ。悶絶すること間違いなしだ。

【第11章】　こだわり建築の宿6軒

85．坐忘林《ざぼうりん》（北海道・ニセコ花園温泉）――すべてが絵画のように美しい宿

すべての風景が、一枚の名画のようだ。刻々と変化する空の色、流れる雲、大地を渡る風、風景が一枚、また一枚と絵画のように現れては消えていく。四季の移ろいも、時の流れも、温泉の香りも、風の音も、「坐忘林」では、すべてがゲストのためだけに描かれた一枚しかない絵画なのだ。

15室の客室には雪の結晶の名前がついている。この宿にくるまで、雪には無数の形の結晶があることに気が付かなかった。なぜ、空から降る水滴が、あんな美しい形になるんだろう。そういえば、雪は降り方、積もり方にもたくさんの呼び名があるという。

全室に専用の温泉が付いている。源泉かけ流しの内湯と露天風呂の2つで、湯は敷地に湧く自家源泉だ。部屋に入って、まず、温泉のところへ行くのがわたしの行動パターンなのだが、「あぁ……」、あまりにも美しい光景に言葉を失う。

真っ黒な巨石をくりぬいた卵型の湯船には、天井から細い銅管が伸びて、すーっと一筋の湯が静かに注がれている。しかし、湯はとめどもない量で、つるりとした黒い湯船の縁から滔々

と流れ出る。わたしの中の時が止まり、それは、あたかもスーパースローモーションのように見えた。

言ってみれば、これは、つくばいなのだ。北海道の雄大な風景の中にぽつんと置かれたつくばいで、身も心も浄める。美しい美しい静寂の時がゆっくりと流れていく。

ざぶんと温泉に入ってみる。石は冷たいどころか温泉と同化してほんわかと温かい。滑らかに整えられた石の感触は、まるで大きな繭玉《まゆだま》につつみこまれているようだった。北の大地のやわらかなうねりが心を穏やかにしてくれる。なめらかな絹衣のような温泉に抱かれて至福の時を過ごす。

卵型の湯船にくるまって至福の時を過ごす

自家源泉は、意外なほど個性的だ。泉質はナトリウム—炭酸水素塩・塩化物泉で、肌はつやつやしっとりになる。美肌をサポートするメタケイ酸も豊富で、とろんとしたやわらかな肌触り。薄緑色のお湯は森のような大地のような深い緑の香りがした。名残惜しくて、わたしは部屋にいる時間のほとんどをこの湯船のそばで過ごした。

寝室は低く切り取られた窓からの灯りが、茶室のような雰囲気でとても落ち着く。横たわると目線の先にどっしりと北の大地が見える。ぐっすりと眠れた。

大きな暖炉のあるロビー、手に取りたい本、旅に出たくなる本が並ぶライブラリー、羊蹄山《ようていざん》が目の前にそびえる一枚板のカウンターバー、椅子に腰かけてお点前をいただける茶室、さりげなく棚に盆栽が並ぶラウンジ……、こうしたパブリックはすべて15室のゲストだけのものなのだ。

「キタカイセキ」と名付けられた料理は、北海道の食材を日本伝統の手法で丁寧に仕上げた〝新しい郷土料理〟である。瀬野嘉寛《よしひろ》料理長は作り手を訪ねて、その季節にごく自然に採れるものを使うという。

北海道を味わう料理のベースは利尻昆布など3種類の昆布で、天然調味料だけをつかい、素材の味わいの余韻を存分に引き出す。この日のお造りは、釧路の秋刀魚《さんま》、岩内の平目、毛ガニ、北寄貝で、薬味は北海道で山ワサビと呼ばれるホースラディッシュだった。すりおろしたての爽やかな辛味と香りが、きりりとした北の魚に良く合う。

86. レゾネイトクラブくじゅう（大分県・久住《くじゅう》高原）
――阿蘇カルデラに軒を連ねる美しい〝長屋〟

唐突に、集落のように連なる瓦屋根にべんがら調の赤い土壁の建物が、広大な阿蘇の草原に出現する。その宿はアトリエ・モビルの丸山欣也《きんや》氏と象《ぞう》設計集団による設計デザインだ。阿蘇カルデラの雄大さを存分に物語る大草原は、1000年以上の歳月を経て出来上がった大自然の造形だ。

阿蘇くじゅう国立公園にある「レゾネイトクラブくじゅう」の敷地は14・5haというから、およそ4万4000坪の広さにもなる。それが広大な阿蘇カルデラに抱かれた場所に位置しているのである。部屋から見える景色は、緩やかな丘陵が重なる草原と幾重にも連なる外輪山のシルエット。敷地内だけでも600種類以上の植物が生息し、氷河期に生まれた稀少な野草の花も咲いている。

一棟貸切風呂「稲星の湯」は開放感抜群

　この稀に見る豊かな自然環境と共生していくための活動は、ホテルを建設する計画段階から始まっていた。建物はあえて平屋の小さな集落のようにデザインし、野生に生きる虫や動物たちを刺激しない照明を用いる。明るさのレベルまで計算し尽くされているのだ。

　自然環境にやさしくすると、そこで過ごすゲストにもいいことがある。ほの灯りの部屋からは、星や月が良く見える。星空観賞会から戻ると、エントランス棟をぽわんと照らす灯りで、なんと、漆黒の夜空に建物のシルエットが浮かび上がっている。とんがり屋根から避雷針が一筋に天へと突き出ていて、まるで宇宙と交信しているかのようだ。このまま、どこかの星へと飛び立ってしまうのでは、と空想が広がってゆく。

敷地に湧く源泉は、湯船に注ぐと茶褐色の濁り湯になり、大地のミネラルがぎっしりだ。泉質はナトリウム・マグネシウム・カルシウム―炭酸水素塩・硫酸塩泉で、pH6・7の中性。炭酸ガスも含有し、体の芯までしっかり温まる。大浴場の太い柱の木造建築が印象的で、内湯の外には露天風呂があり、夜は周りが真っ暗なので星や月がまばゆいばかりに見える。すると、大宇宙の中でぽつんと温泉に入っているような気分になってくるのだ。

それぞれの部屋は外を歩く回廊で繋がっている。束《つか》立て建築（棟木や母屋を柱で支える構造の建築）に、赤い土壁が施してある。三角の瓦屋根が連なって長屋のような雰囲気をかもし出す。傾斜のある土地に合わせて建てているのでリビングの奥のベッドスペースは一段高くなっている。その段差のところにカウンターが設えられ座れるようになっていて、高い目線で窓からの景色を眺めることができる。設計には憎いばかりに心をくだいているのだ。

「レストラン　メテオ」のライブ感が楽しい。中央では、豊後牛モモ肉をじゅうじゅうと焼いている。石窯で焼き上げる自家製パンも並ぶ。宿と直接つながっている生産者の野菜をたっぷり味わえるサラダコーナーは大人気だ。

87. 瀬戸内リトリート　青凪《あおなぎ》（愛媛県・松山市）
――風と空と光と緑を味わうシームレスな時間

宿のレセプションは、もとはエリエール美術館だった場所である。城壁のような石垣から続くアプローチを通り抜けてコンクリート打ちっぱなしの大きな空間へと誘うプロローグはドラマティック。期待はいやが上にも膨らんでくる。

わたしが最も感銘を受けたのは、圧倒的存在感を放つ長さ30ｍのデッキプール「THE BLUE」である。水のランウェイを歩けば、そのまま空へと放たれてしまうような感覚におちいる。青い水面の先にはゆったりと広がる瀬戸内海が、ぽつんと飾られた絵画のように映る。瀬戸内海が茜色に染まる夕暮れ時は、水面もほのかに茜色に染まる。泳ぎ進むと波紋が広がり複雑な色彩が混じりあい、夢の世界にいるような心地になる。夜の静寂に包まれてぽっかりと仰向けに浮かんでみる。宙《そら》はどこまでも高く無数の星に手が届きそうだ。

どんな時間も、どんな景色も、すべては7室のゲストだけのもの。いつでも好きな時にここへ来て泳ぐことができる。

建築家・安藤忠雄氏の世界にすっぽりと包まれてみると、不思議なことに、心を摑むのは建造物ではなく、その周りにある自然や、ぽっかりと開いた空だったりする。無数の島が連なる瀬戸内海が、なめらかな金属のように光を放っている。ふわふわと宙に浮かぶような気分で、ただただこの風景を眺めていたくなるのは、ミニマルなデザインのなせる業だと思う。

空と海へと放たれるようなデッキプール

最上階のシグニチャールーム「THE AONAGIスイート」は、2階層まで吹き抜ける大きな窓のリビングが印象的だ。高台にあるこの建物は、東京スカイツリーの展望台とほぼ同じ高さに相当する場所に部屋が位置している。天井高8mのガラス窓はボタンひとつでゆっくりと開閉するので、大パノラマ状に瀬戸内海を見渡すシースルーなデッキへ踏み出すことができる。

風も空も光も緑も、すべての自然環境との境目を一切感じさせないシームレスな時間、これを味わう楽しみこそが、ここまで旅をする理由なのだ。

部屋専用の温泉が付いている「半露天温泉スイート」の部屋もいい。温泉には隣りのゴルフ場と共有する源泉を注いでいる。アルカリ性の単純弱放射能冷鉱泉で、するりとした感触だ。たっぷりとした湯船の半分は腰が浸かるくらいの深さしかないので、寝ころんで入ったり、腰湯にしてのんびり過ごしたりできる。縦のスリット状になった窓から緑の森を通る風が入ってくる半露天風呂スタイルである。ミニマルスタイリッシュな部屋の奥に、こんな癒しの空間があるとは、なんとも、日本ならではの幸せではないか。

ダイニングはオープンカウンター席が人気だ。コンクリート打ちっぱなしの壁にはミニマリストの芸術家として知られるフランク・ステラの絵画が飾られている。

カウンターに座ると、目の前に広がるのは、安藤忠雄氏の得意とするサンクンコート（地表面より掘り下げて造成した中庭）だ。細く流れ落ちる壁一面の滝、そして見上げれば緑の木々と空からの光……。中庭の部分には無数のミストが噴射される幻想的な霧の噴水が仕込まれている。

豊かな伊予《いよ》の食文化を五感で楽しむことをテーマにした和食のディナーでは、地元の砥部焼《とべやき》などの器も取り入れられていて、アートな空間にふさわしい驚くほど美しい盛り付けに心が華やぐ。

88. ホテリ・アアルト（福島県・大府平《おおぶだいら》温泉）——泊まれば泊まるほど好きになる宿

「この空間には、ずっと居られる」。客室にいるときにそう思った。

泊まれば泊まるほど、居心地の良さがしみじみとわかってくる——そんな宿である。北欧風のインテリアと和の空間が融合するデザインを評価されることが多い宿だが、その美しい空間が、なぜ心地よいのか、知れば知るほど奥深い。

地元産の上質な杉のフローリングは、絶妙な柔らかさで足に馴染む。木は切った後も生きているから、伐採の後の加工が重要である。宿のオーナーでもある八光建設は、系列会社のラボット・プランナー社に託して、木材に特別な低温乾燥をほどこし、木の生きる力にできるだけ負担をかけないようにしている。特殊な技術で無垢材でありながら不燃木材に加工する処理をおこなう。ゆえに、木にも優しく、人にも優しい空間になるのだ。

真っ白な漆喰壁も自然素材。こうした日本古来のナチュラル素材でありながら、北欧流の断熱技術を駆使して、豪雪の冬でも館内はぽっかぽか。いつでも、どこにいても居心地がいい。

裏磐梯《うらばんだい》の五色沼《ごしきぬま》へと続く森の中に建つ山荘をリユースして、建築家の益子《ますこ》義弘《よしひろ》氏が設計した。やわらかな感触の杉材、漆喰の壁、目線をさえぎらない照明、景色を切り取る窓など、そのデザインは心安らぐ優しさに満ちている。

デザインだけで、あるいは素材だけで、この居心地の良さが生まれるものではない。リユースの建物を工夫しているので、部屋ごとに大きさも間取りも全然違う。それが楽しくて、今度はこの部屋、今度はこの部屋と全部泊まってみたくなる。一巡すると「結局、この部屋がいちばん好き」という、自分のお気に入りが見つかり、それぞれの部屋にリピーターがついているのだ。

全室に泊まってみたくなる居心地の良さ

宿が所有する2万2491㎡の敷地には2つのプライベートな沼がある。魅惑的なエメラルドグリーンのこの泉は、すいこまれそうになるほど透明だ。ぐるりと沼の畔を歩き森へと続く散歩道もすべて宿の敷地の中にある。

内湯から続く露天風呂の向こうは、美しい森とエメラルドグリーンの水面をたたえる湧き沼だ。自家源泉はその沼の畔に湧いている。温泉はすべて源泉かけ流し。透明なエメラルドグリーンの温泉は含硫黄―ナトリウム・カルシウム―塩化物泉。ふんわりと香る硫黄が血行を促進して、コリや疲れが湯の中にとけていくようだ。内湯は一部が浅めになっていて半身浴ができるし、深めの湯船の半露天風呂では首まですっぽりと湯に浸かったりできる。静かに静かに時間が過ぎていくのである。

この宿にいると、いつでもバトラーが出迎えてくれる別荘を持った感覚におちいる。チェックインしたら、ドリンクはオールインクルーシブなので、パブリックラウンジでスパークリングワインやハーブティーをのみながら双眼鏡でバードウオッチングをするもよし、寒い季節なら温かい飲み物を片手に沼をぶらりと散歩するもよし。

夕食は大きな薪ストーブを囲むダイニングで楽しむスタイルだ。「御用があればいつでも声をかけてください」という、つかず離れずのスタイルも心地よい。

89．旅館　心乃間間《このまま》（熊本県・久木野《くぎの》温泉）――日本家屋と絶景の斬新な融合

宿の名前に心魅かれた。「心乃間間」と書いて「このまま」と読む。ゆったりとした静かな時間が過ごせそうな気がする。

森の道から、宿の敷地へと歩み入ると、視界が開けて阿蘇五岳《ごがく》の風景がぱあっと広がる。その場所にずっとあったような焼杉と瓦屋根の家屋が立っていた。中へ入ると暖炉を設えたモダンなラウンジがあり、そこからは阿蘇五岳を真ん中に裾野に広がる田園風景がパノラマで見渡

手前の土手のようなところに入り口がある

せる。

「すごい絶景ですね」――わたしは思わず感嘆の声を漏らした。館主の藤江甚午さんは、ここから眺める景色に惚れ込んで熊本駅前にあった旅館をこの地へ移転するために、家族で南阿蘇へ移り住んだという。「景色と温泉とふかふかの布団。これしかありませんが、どうぞごゆっくり」。もちろん、それだけで充分だ。

温泉はとろんとろんの美容液のような感触をしていてうれしくなる。泉質はナトリウム―炭酸水素塩・硫酸塩泉で、pH8・1の弱アルカリ性。古い角質を落として肌をすべすべにする炭酸水素塩泉としっとり潤う硫酸塩泉のダブルブレンドは、お手入れ要らずのスキンケア温泉だ。

さて、肝腎の客室である。母屋に向かう道の両側に続く土盛りのような小山の中に、なにやら、入口のようなドアが見える。ま、まさか、ここが部屋の入口か？ 驚いたことに、そのまさかは的中した。ドアを開けると、コンクリート打ちっぱなしのモダンな部屋が現れた。ベッドルームのカウンターの向こうはリビング。一枚ガラスの大きな窓から景色を独り占めにできる。

部屋には溶岩石で造った湯船の温泉もある。窓を全開にすると半露天風呂の気分になり、そよいでくる阿蘇の爽やかな風が心地よい。

この洋室タイプの他に、メゾネット、モダン和室、離れ和室と異なるタイプの部屋があるが、それらは木造家屋で集落のように点在している。宿は熊本の建築士・大森創太郎氏の設計によるもの。ずっと古くからあるような懐かしい日本家屋と、斬新な世界観との共存が、宿の印象的な風景を創り出しているのだ。

日頃の喧騒を忘れ、この場所にいることだけを楽しむ。宿を出てから、そういえば、部屋にテレビがあったかどうか覚えていないとか、携帯電話にほとんど触らなかったとか、そんな風に思えるようなら、この宿を楽しめた証拠だ。

日が暮れると、阿蘇の山並みのシルエットと相まって、宿はちょっと異次元のような迫力を帯びる。周りに何もないので星空が圧倒的に迫ってくる。

周辺の南阿蘇村は、あか牛を始めこだわりの食を出す店がたくさんある。この宿は素泊まり宿となり、周辺の飲食店リストを出して自由に楽しんでもらう泊食分離スタイルになった。

90. オーベルジュ土佐山《とさやま》（高知県・土佐山温泉）――どこにいても気持ちがいい稀有な宿

温泉の湯屋の天井を見上げて、伝統的軸組《じくぐみ》構造の建築の美しさに惚れ惚れしてしまった。木で籠を編んだような構造を放射状の柱が支えている。柔軟性と耐久性を兼ね備えた日本古来の木造建築の技だ。

宿の設計は、建築家・細木茂氏によるもの。高知県で土佐の伝統工法によって木の家を作る建築家集団「土佐派」のメンバーのひとりである。土佐の土着の伝統工法を駆使し、土佐の杉や檜、土佐漆喰、土佐和紙を使って「オーベルジュ土佐山」を造った。木材はできる限り自然な手順で森から伐採した木を使うことで、材料への薬剤の使用を不要にし、宿へ来る人、利用する地域の人、働く人の健康を守ることにもこだわっている。

大きな森で木々に守られているような安らぎを感じる温泉だ。外にはウッドデッキの露天風呂があり爽やかな風が通り抜ける。温泉分析書の泉質表記は温泉法上の「温泉」。温泉として認められる成分は規定値以上含有しているが、源泉温度が17℃と低いため、単純温泉という表記にならないのだ。ナトリウムやメタケイ酸、フッ化物やメタホウ酸などを含有しぽかぽかと温まる。

天井が高いヴィラは隠れ家のようだ

土佐山は、林野率90%の山間地である。その中でも中川地区は、過疎化が進む集落だ。何もないのだから、恐れることはないと、中川地区の人々は、地域の温泉を活用して「日本全国から人が来てくれる場所をつくろう」とプロジェクトを立ち上げた。何度もワークショップを重ね、オーベルジュ土佐山の誕生までに10年の歳月を費やしたという。

大切にしたのは、地域に棲む生き物たちの生態系によりそった共存共栄の建物にすること。大きな建物にせず、小さな建築の集合体にした。部屋へ行く回廊も屋根はあるが外廊下。回廊に沿って水場があり、野鳥も行き交うことができる。

この宿は、どこにいても気持ちがいい。どこにいてもほっとする。自然素材がふんだんに使われているからか、まわりの風景を感じさせる大きな窓があるからか――と考えたが、どうやらそのワケは、宿に漂う空気だと思った。いつでも集落の人々がやってきて、丹精込めて作った野菜や米、卵などがゲストのために集められ、料理となってテーブルに並ぶ。ここには、地域のみんなで旅人をもてなす温かい心が溢れているのだ。

メイン棟から長い廊下で繋がるホテルの部屋と、吊り橋を渡った川の対岸にヴィラが立っている。ヴィラは天井が高くて、ダクトを露出させた斬新なデザイン。部屋の中のどこにいても快適な湿度と温度を保つための計算がされた設計である。Bang & Olufsen のオーディオに土佐和紙の照明が配されていて、窓の外には広いウッドデッキがあり棚田の風景を眺めて過ごせる。

オーベルジュの晩餐のスタートは、地元産の桃太郎フルーツトマトのジュースから。ソルティドッグのカクテルのように仕立てた一杯だ。

お造りは「もち鰹」の田舎タタキで、鮮度やしめ方にとことんこだわった鰹を料理長秘伝の手法で藁焼きする。鰹の身の美しい透明感が感動的。もっちりと旨味のある逸品である。

メインは「土佐山キュイジーヌ」。土佐山の畑で採れる野菜が棚田のように並び、野菜本来の美味しさを味わう一皿だ。窪川《くぼかわ》ポーク米豚《こめぶた》のローストソテーと一緒に楽しむ。

天日干しの地元のお米がつややかに炊けている。ここに地鶏の土佐ジロー卵をかけて食べる。集落の大崎裕一さんは、化学薬品を使わず有機野菜と山の野草で土佐ジローを育てている。元気な卵は、そのままごはんの上に割り、ほのかな甘味の白身と濃厚な黄身を、別々に味わうのが土佐山流だ。

【第12章】ここだけにしかない個性派の宿10軒

91. 縄文人の宿（青森県・嶽《だけ》温泉）――宿名通りの縄文人気分になれる宿

「縄文人の宿」の強烈に楽しかった思い出が時折よみがえってくる。なにしろ、宿の体験のすべてがまるで〝縄文人〟だったのだから。

その日、津軽は雪だった。弘前駅から路線バスに乗り、雪の中を嶽温泉へ向かう。どんどん雪は深くなり、バスを降りてたどり着いた「縄文人の宿」は、ほぼ雪に埋もれていて、門のほかは、どんな建物かさえ見分けがつかないほどだった。

「いいね～、雪の津軽は」などとつぶやきながら、雪をかき分けて宿へ入った。「いらっしゃい。雪すごいでしょ」。髭《ひげ》づらの、いかにも縄文人みたいな宿の方が迎えてくれた。

母屋を通った奥に屋敷「さなぶりの家《やかた》」がある。間取りは土間の玄関と囲炉裏の部屋、畳の和室には布団が敷かれていて、いかにも田舎の家に来たような感じがする。そして、専用の内湯と露天風呂があり、温泉がかけ流しだ。

「お湯の温度は一生懸命調整しておいたけど、もし、熱かったら水を入れてね」「はい。わかりました」。なんだかわからないが、この縄文人さんが一生懸命やってくれたのだと思うと、ちょっとうれしくなった。

後に聞いた女将さんの話によると、縄文人みたいだった髭づらの人は彼女のおじいちゃんに当たる人で、すでに亡くなったとのこと。そして今は、加水も加温も一切していない源泉そのままのかけ流しだそうだ。2代目となる寺島さんご夫妻がもてなす1日1組4名までの貸切宿となったが、岩木山の恵みを全身で感じる縄文人のスピリットは受け継がれている。

嶽温泉の湯はものすごく美しい。目が覚めるような鮮やかな青白い色のにごり湯だ。湯に入ってみると細かい湯の花がひらひらと舞っている。泉質は酸性・含硫黄—カルシウム—塩化物泉で、pH2・15。酸性の温泉はほどよい刺激で肌と体に活をいれてくれる。ぷんぷんと香る硫黄で血の巡りが良くなりぽかぽかと温まる。

これが縄文人式

この宿が最も〝縄文人〟的だと思うのは夕食だ。囲炉裏で炭をおこしてくれて、その上に大きな網が置かれた。鉄鍋に入った山菜鍋と釜飯が運ばれてくる。「お、縄文人の夕餉《ゆうげ》が始まる」と、ワクワク感でいっぱいになる。

「獲ったぞー!」と言わんばかりの、つやつやの大きな魚が丸ごと4~5種、季節の貝類も丸ごと3種。まさに大漁ではないか。どどーーん、と大迫力のご馳走の登場だ。ちょうど時期だった嶽きみ（とうもろこし）や肉厚のしいたけ、ごぼうや芋などもたくさん出てきた。デザートといえば、リンゴやみかんがゴロンと盛り合わせてあって、徹底している。

「食べきれないかもしれないから、好きなものを好きなだけ食べてくださいね」。そうだよね。なにせ、ここは縄文人の宿であるから、それが縄文人流のおもてなしなのだ。

てんこ盛りの津軽の恵みを自分たちで好きなように焼いて食べる。調味料は塩と「津軽」醤油のみだ。「よ〜し！　食べるぞ〜！」。見慣れない大きな魚を焼いてみる。横に、帆立や牡蠣も並べてみた。

ぱちぱちと炭火が音をたてている。芳ばしい香りが食欲をそそる。縄文人になって、魚にがぶりと食らいつく。はふはふ、あちちち、うわ〜、美味しい。縄文人はこうやって火を囲んで山海の恵みを味わっていたのだろうか。なんて自由で、なんて幸せなのだろう。縄文人の一夜はこうして更けていった。

92. 東府《とうふ》やResort & Spa-Izu（静岡県・吉奈《よしな》温泉）――ワクワクする「和の温泉リゾート」

ここは、もともとは2軒の歴史ある宿だった。新しい経営者との出会いが、宿のさらなる歴史を刻む架け橋になって新しい魅力が築かれていくことがあるのだなあと、この宿にくると思う。

江戸時代に徳川家康の側室、阿万《おまん》の方様がお越しになり子を授かったという名湯、吉奈温泉の老舗旅館「東府屋旅館」を引き継いで改装工事を進めていたところ、隣接する離れの宿「芳泉荘《ほうせんそう》」からも譲渡の相談があった。そこで、2つの宿は統合され、3万6000坪の自然豊かな敷地をもつ「和の温泉リゾート」へと進化したのだった。

ちなみに、「東府」は、徳川の駿府《すんぷ》よりも東にある府という意味である。

宿が特別な個性をもって発展するきっかけになったのは、「Bakery & Table 東府や」というカフェを敷地内につくったことだ。このカフェは、カフェテラスの部分とプールの部分とで成っている。もともとあったプールを活かして、アクアゾーンとして見せる施設にしたのである。大きなカウンター席の下には、なんと吉奈温泉が流れていて、足湯になっているのだ。リゾート感あふれるこの一角の目の前に軒を連ねるのは大正時代の日本建築という、非日常のコントラスト。このセンスが秀逸だ。

足湯に浸かってのんびりしながら、ベーカリーの焼き立てのパンが食べられる。ホテルメイドの美味しいパンは種類が大変豊富だ。中でも人気なのは「君だけカレーパン」。米粉とカレー粉をブレンドした生地に特製カレーソースとクリーミーエッグの黄身だけを入れて揚げた、

足湯に浸かりながらのカフェがたまらない

ちょっと贅沢なカレーパンだ。宿のチェックイン前にゆっくりランチをするなら、サラダやスープと3種類のパン、ドリンクがセットになったベーカリーランチセットがある。

ベーカリーカフェは、宿泊客だけでなく、近隣の地域住民も毎日のように利用するし、中伊豆の旅の途中に立ち寄る人もいて大盛況だ。宿の一角に、連日にぎわう場所ができると、リゾートには活気が湧く。人々が楽しく過ごすワクワクオーラが、宿全体に広がっていく。そういう宿はどこにいても、なんだか楽しい気持ちになってくる。

露天風呂「行基《ぎょうき》の湯」は渓流沿いにある。目隠しの囲いは絶妙な作りになっていて、露天風呂に入ったときに目線の先に爽やかな川景色が見える。泉質はアルカリ性単純温泉、つるりとした柔らかな感触で、肌の汚れや古い角質を落としてすべすべにしてくれる美肌の湯だ。驚くほど温まって、さすがは〝子宝の名湯〟である。温泉は成分を見ただけでは判断できないものだと、歴史ある温泉に教えられた。

貸切温泉「子宝の湯」は、情緒ある一軒家スタイルの岩風呂だ。深さがたっぷりあって、数名で入れる広さがある。

客室のタイプはバリエーションが豊富だ。ご褒美旅なら、蔵をイメージした離れのヴィラスイート。メゾネットタイプと平屋タイプがある。メゾネットは1階がリビングで2階にベッドルームと専用の半露天の温泉があり、別荘に来たような気分になれる。なんと、ここをシングルユースできるおひとりプランがあるのも新しい。

内湯が2カ所、露天風呂が2カ所、貸切風呂が2カ所と、温泉がたっぷりあるので、一人旅ならコンパクトなお部屋でも充分に幸せという場合には、シングルルームに泊まるのもありだ。

93. 大丸《おおまる》温泉旅館（栃木県・奥那須温泉）——「温泉の川」をせき止めた四段の露天

ここの温泉は、川になって流れている。山から無数に自然湧出する温泉が野放図に流れ出ていたのを、一段、二段、三段、四段とせき止めて、それぞれを露天風呂にしたのだ。そして、最後にはザーザーと「温泉の川」になって、すごい勢いで流れている。那須には温泉の川があると噂には聞いていたが、本当に川だった。

宿の玄関には、温泉の川にかかる橋を渡って入る。そんなとてつもなく贅沢としか言い様のない温泉に入れる宿なのだ。歴代館主が200年以上も守り続けているこの宿は、那須高原の

「温泉の川」の露天

茶臼岳《ちゃうすだけ》の中腹、標高1300mにある一軒宿「大丸温泉旅館」という。

宿は皇族方が入られる御殿湯を守り続けている湯守でもある。わたしたちが入ることができる温泉のさらに上手に、大切に守られている源泉湯小屋があり、そこから皇族方がご静養される那須御用邸まで引湯されている。

露天風呂はレディーファースト設計（と、わたしが勝手に呼んでいる）だ。源泉の川の源流にあたる最上段の露天風呂は、女性専用なのである。内湯を越えて、外回廊の階段を上ると露天風呂がひとつあり、さらに、回廊を進むと、山のくぼみにひっそりと佇む露天風呂が見えてくる。風呂の山側の斜面にはいくつも竹筒が刺さっていて、そこから源泉が自然湧出して流れ込んでいる。「竹筒を刺せば、そこから温泉がでてくるほど豊富なんですよ」と、ご主人の大高要之《としゆき》さんは話す。

どこまでも透明な温泉はすーっと肌を透過し、体も骨も細胞までも浄化されていくような感覚になる。泉質は単純温泉で、メタケイ酸を318・8mg／kg含有し、肌への潤い補給をサポートする。

女性専用の露天風呂の下には、混浴の大小の露天風呂がある。タオルを巻いて入ってもいいので、和気あいあいとした温泉だ。

ロビーの近くには「飲泉所」がある。飲みやすいホットミネラルウオーターの感覚だ。食前に少しずつ噛みしめるように飲めば、胃腸を整え内臓の活性化をサポートする。

和モダンに改装された部屋に泊まった。ベッドルームの窓辺に2つのモダンなロッキングチェアがおいてある。ゆらゆらと揺れながら、湯上がりの時間を過ごした。窓から望める遠くに広がる那須の風景、そして朝は雲海の絶景が感動的だ。

名物料理は「大丸温泉源泉しゃぶしゃぶ」。2つに仕切られた鍋の半分は大丸温泉の源泉が入っている。これで栃木黒毛和牛をしゃぶしゃぶすると、甘味が増して美味しい。もう半分はブイヤベース風のトマトスープ。和の料理人ならではの和風出汁で仕立てたトマトスープは、酸味と甘味のバランスが絶妙だ。たっぷりと添えられた野菜を入れるとスープはさらに美味しさを増す。

木造の趣ある建物を活かしたロビーは、夜にはジャズが流れるバーとなり、秘湯の夜はゆっくりと更けてゆく。

94. 花仙庵《かせんあん》 岩の湯（長野県・仙仁《せに》温泉）——プチアドベンチャーで洞窟温泉へ

洞窟の奥から源泉が流れる「仙人風呂」が楽しくて楽しくて、いつも、この温泉に入り浸ってしまう。この洞窟温泉は奥行が30ｍほどもあり、いちばん奥にある源泉の湧き出る場所まで到達するのは、なかなかの冒険なのだ。洞窟の入り口には遺跡の神殿みたいな雰囲気がある。中は体温より少し温かい「ぬる湯」で、ずっと入っていたくなる心地よさだ。

奥へ進むとけっこう暗い。ところどころにある灯りを頼りに探検隊気分で進む。岩で仕切られているところをまたいだり、すごい勢いで源泉が流れ落ちる滝のような岩場を必死にのぼると、その上は小さな洞窟風呂になっていて、そこまで到達した人だけが、源泉がとめどなく流れ出ている場所を見つけることができるのだ。「隊長〜。ついに、源泉を見つけました！」と、叫びたくなるような温泉アドベンチャーだ。

洞窟温泉へは、男女別の内湯から、老若男女全員が専用の湯浴み着で向かう。お揃いの湯浴み着だから、なんだか同じ種族のファミリーみたいな気分になって、「こんにちは。そっちはどんな感じでしたか？」「こっちの奥に源泉がありましたよ」なんて、情報交換したりする。

洞窟の反対側は少し広めのドームのようになっていて、温泉ミストが立ち込めている。こちらには、静かに瞑想《めいそう》して入る。ぬる湯のぬくもりに包まれて、お湯の流れる音を聴いていると、日ごろのストレスや要らないものがすべて温泉へ流れて消えていくかのようだ。

入口へ戻ってくると、小さな天窓から神々しく光が差し込む場所がある。誘われるように行ってみると、そこは立って入るほどの深湯で、加温された熱い温泉だ。「あ～、あったか～い」。さっきまで、ぬる湯が気持ちいいと思っていたのに、あったかい温泉もこんなに気持ちがいいなんて……。光の中で体をちょっと温めて洞窟を出る。

この洞窟温泉に入るだけでも価値があるのに、宿の中には、楽しい貸切風呂が4つもある。どれも雰囲気がまったく違うのだが、それぞれに露天風呂と内湯がある。

温泉の入口は神殿のよう

湯へのこだわりがすごい。源泉温度が低いので加温しているが、循環は一切なしのかけ流し。ご主人の金井辰巳さんのこだわりで、露天風呂は居眠りができる温度に、内湯はちょっと汗ばむ温度にこだわって調整している。その日の気温や天候によって体感温度は違うので、0・1℃単位まで細かくチェックして微調整できるようにしているというから恐れ入る。冬でも足が冷たくならないようにと、風呂場の石の床まで床暖房にしているという心配りがうれしい。

部屋には和室とミニキッチンがついたリビングがある。日本旅館の雰囲気を楽しみつつ、別荘のように気兼ねなく過ごせる。食事は気分を変えてでかけられるようにと、幽玄な雰囲気の料亭で味わう。個室のテーブルは野の花とろうそくで飾られ、自家農園で無農薬で育てる野菜や信州の山の幸が、楽しい盛り付けで運ばれてくる。

感激したのは朝食だ。「食事は何時からご用意ができます」と案内書きがあるだけで、事前に食事時間を決めなくてよいのだ。目覚めた時の気分で、好きな時間に料亭へ食べに行けば、すぐに支度をしてくれる。

95. 箱根本箱（神奈川県・箱根中強羅《なかごうら》温泉）——本棚だらけの居心地のいい宿

エントランスのドアが開くと、驚きの光景が出現する。吹き抜けの天井まで、本、本、本。壁一面が見上げるほどの本棚だ。ここは、本と温泉にひたるブックホテル。新しいコンセプトの宿である。

近年はこうした新しい愉しみのある宿ができ始めた。日本旅館、ホテル、リゾートとも違う、ライフスタイルホテルと呼ばれるカテゴリーへと、温泉宿のジャンルも広がってきている。日本にも多様な泊まり方ができる宿が増えて、旅の愉しみが豊かになるのはとても楽しい。「箱根本箱」の本棚の中身は、普通の本屋さんや図書館とはまったく別物だ。選書といって、本を選ぶ専門のチームがいて、ある意味、バイアスがかかりエッジのきいた、テーマ性のある本が並んでいる。ある一定のセンスでくくられた本が、ゆるやかにゾーン分けされているのだ。

ひとつ気になる本を見つけると、その近くの本棚には次々と興味の連鎖が起こる本が並んでいて、その場に根っこが生えてしまう。ふと、その本棚の隣を見ると、ぽっかりと開いた棚があって、中に入れるようになっている。ベンチがしつらえてあって、本棚の中にすっぽりと入り、そのまま本を読みふける。そして、今度はそのくぼみの上を見ると、別の本棚があり、またまた、興味をそそられる本が並んでいる。こうして、まるで洞窟を探検する宝探しのように、どんどんはまってしまうワンダーランドなのだ。

ようやく、部屋へたどりついた。面白い本に気を取られて大興奮してしまった。ちょっと温泉にでも入って気を落ち着けてから、また、本を探そう。

部屋は6タイプ18室あり、全室に温泉露天風呂がついている。マウンテンビュー側は箱根の外輪山や明星ヶ岳《みょうじょうがたけ》の大文字が眺められる。各部屋にはその部屋だけの本箱が設置してある。その部屋に泊まらないと出会えない一期一会の本。「あの人の本箱」のしおりが置かれている。本が好きな著名人や専門家が選書した「〇〇さんの本箱」だった。

思い思いの場所で読書に耽る

大浴場では、2種類の温泉に入ることができる。露天風呂は大涌谷から引いた仙石原《せんごくはら》温泉で、泉質は酸性―ナトリウム・カルシウム―塩化物・硫酸塩泉。硫黄泉と呼べるほどではないのだが、硫黄を含み、ふわっと硫黄の香りがする。湯口には白い湯の花もふわふわ。程よい刺激で肌を活性化し血行を促進する。内湯は、強羅温泉の源泉で、泉質はナトリウム―塩化物泉。アルカリ性でつるりとした感触。塩の働きでぽかぽかと温まる。

館内には、あちこちに隠し部屋や本箱がある。温泉を出たところには、体のことや漢方、ダイエットなどの本があったり、お風呂の歴史や温泉の本もある。湯上がりに水を飲もうと、ウォーターサーバーがある部屋へ行くと、写真集などがあって、ベンチに座ってついつい長居してしまったりする。

ラウンジでコーヒーを飲みながら気になる本を読んでいるとあっという間にディナーの時間になってしまった。

食事は佐々木祐治シェフの自然派イタリアンで、箱根のローカルガストロノミーを追求した本格派だ。箱根の森を想起させる切り株の板に3種のアミューズがのせられている。ナスの葉っぱの上にのった野菜のタルトレット。甘くとろける揚げナスとほろ苦いパプリカ、緑トマトのジュレの酸味がたまらない。たった一口で、即、白ワインを注文してしまった。トマトの葉の下に顔をのぞかせているのは緑ピーマン、中にはオクラのバーニャカウダが詰まっている。

焼津産の活け〆カツオは、フェンネルの花とエシャロット、若摘みのピーマンをマリネした酸味のあるトッピングの組み合わせが斬新で爽やかだ。キッチンで手打ちしているパスタは、天城軍鶏と梨のタリアテッレ。梨のシャキシャキした瑞々しさが濃厚な軍鶏のソースを引き立てる。魚料理はワサビ棚で育てたアマゴ（ヤマメ）。リコッタチーズとキュウリとのマリアージュが面白い。肉料理は伊豆産の夏鹿ロース。ルバーブのピュレや、ビーツとブルーベリーのハチミツソースをのせると違う味わいが楽しめる。こんな美食に出会えるのも驚きだ。（2025年からは若き女性シェフ中野葵さんが料理を引き継いでいる）

96．里山十帖《さとやまじゅうじょう》（新潟県・大沢山《おおさわやま》温泉）——自分だけの好きな場所が必ず見つかる宿

この宿のどこが好きかと聞かれると、玄関を入ったロビーの上にあるスペースの、正面にある赤い椅子の左側のほう。そこにすっぽりと座って、ぐだぐだ、ぐだぐだとしているのが好きだ。その赤い椅子とは、アルネ・ヤコブセンのエッグチェアなのだが、だからというわけでは

なく、ただ、その場所の、その位置で、その形の椅子に座っている時間が好きなのかもしれない。

「里山十帖」にはそういう魅力がある。泊まって過ごしているうちに、自分のお気に入りの場所みたいな定位置ができてしまう。この部屋なら、このソファーの左端に座るとか、四角い方の露天風呂では湯口から2mくらい離れた場所に入るのが落ち着くとか、丸い岩風呂の先端の湯船の縁と、湯の中にある岩の間にすっぽりとはまって星が見たいとか。あるいは、朝食の味噌汁は土鍋に具材だけ全部入れて、味噌はお椀でとくのがお約束とか。温泉宿なのだが、自分流の過ごし方が自然にできてきてしまうのだ。

ヤコブセンのエッグチェアでぐだぐだの幸せ

これはたまたま、わたしの行動パターンを振り返ってみたのだが、おそらく、十人十色で、みんな好みはバラバラだと思う。このバラバラ行動こそが、ゲスト同士の程よい距離感を生み、居心地を良くしているのだと思う。

宿は、既存の宿をリニューアルした建物だ。築150年の古民家を活用したレセプション棟は、古民家にありがちな「寒い」「暗い」を一掃するために徹底的なリサーチをして改装を施した。ドイツ、フランス、北欧の住宅造りのノウハウを取り入れて、壁、床下だけでなく、天井まで徹底断熱、吹き抜けの天井へ昇っていく温かい空気を〝エアサイクル〟の手法を取り入れて床下へと流している。こうして、「暖かい」「居心地がいい」「ずっといたい」古民家空間へ生まれ変わった。

レセプション横の階段を上ると、古民家の組まれた梁がおもしろいパブリックラウンジだ。ここにぽつりぽつりと置かれたチェアのひとつが、先ほどの赤い椅子である。心地いい音楽が太い梁や木の床に共鳴する。あまりの気持ち良さに、最初に泊まった時には、部屋にいる時間よりこの場所で過ごす時間の方が長かった。

温泉からは高い目線で森を見渡せるが、これはまさにバーズアイの絶景なのだ。自分が鳥になったかのように景色が遠くへ広がっていく。正面には日本百名山のひとつである巻機山《まきはたやま》や、ほかの山々が連なっている。夕日が反射して山を染める「紅巻機《べにまきはた》」は涙が出そうなほど美しい。夜は大きな空に満天の星。この温泉でいくつも流れ星を数えた。

とろとろの感触の温泉は、ナトリウム―塩化物・炭酸水素塩泉。体の芯まで温まって肌がつるつるになる。

周辺の里山は山菜の宝庫だ。ほぼ毎日16時から、宿のスタッフと行く「裏山おさんぽツアー」がある。山菜を摘んだら、夕食に出してくれる。南魚沼や新潟の土地そのものを味わう料理は、そこにある食材だけが重要なのではない。その奥にいる作り手や、地域の気候風土が生む食文化も含めて、すべてが一体となってその日のレシピとなるのだ。

97．強羅花扇《はなおうぎ》　円《まど》かの杜《もり》（神奈川県・箱根強羅温泉）——行きつけにしたくなる高台の宿

行きつけの店を持つように、行きつけの宿を持つ。そんな風に泊まりたくなる宿がある。「強羅花扇　円かの杜」は箱根温泉郷の強羅にあり、思い立った時に東京から出かけるにはちょうど良い距離だ。

水車に迎えられて玄関を入ると神代欅《じんだいけやき》の重厚なカウンターが目を引く。後ろには金屏風が飾られている。靴を脱ぎ足元を見ると上がりも、厚い一枚板だ。

天井を見上げれば、古民家でしか見かけないような太い梁が縦横に組まれている。それが古木の再利用ではなく、この宿のために、新しく切り出して運び入れた欅の銘木だというからさらに驚く。いったいどれだけ贅沢な空間にいるのかと感激する。

深い森の中に静かに眠っていた巨木や木々の息吹が感じられて、心地よさを覚え、体の力がすっと抜けていくようだ。スリッパがいらない畳のロビーには、色々なデザインの、飛驒や高山の木工チェアが置かれている。お気に入りの椅子を見つけてお茶とお菓子でなごんでいると、

日常のスイッチから旅のスイッチへと心が切り替わっていく。

箱根の中では珍しく、自家源泉を2本ももっている。ひとつは肌すべすべ系のナトリウム―硫酸塩・炭酸水素塩泉で大浴場にかけ流しで注がれている。もうひとつはしっとり保湿系のナトリウム―塩化物泉で、全室に付いている専用の露天風呂で入ることができる。

豪壮な梁に目は釘付け

さあ、とにもかくにも、まずは温泉だ。大浴場へ行くと、箱根に、こんなダイナミックなロケーションがあったのかと唖然としてしまう。上強羅の高台に立ち、金時山《きんときやま》や箱根連山を見渡せる眺望抜群の露天風呂だ。湯船は高台の位置にひとつ。ここから見下ろす強羅の街の夜景や星空が美しい。もうひとつは下段にあって、奥の森の木々が覆いかぶさるような迫力だ。湯船は手前が熱め、奥がぬる湯になっていて、森林浴を楽しみながら行ったり来たりしているうちに、ついつい長居してしまった。

内湯も熱めの湯とぬるめの湯にわかれている。ぬる湯でウオーミングアップして、あつ湯でさっと仕上げる。そんな入り方が楽しめる。

食事は相模湾の新鮮な魚介や、足柄の野菜など、箱根周辺の食材が美しい会席料理になって供される。メインディッシュは飛騨牛の陶板焼き。飛騨出身の女将が、ゲストにこの飛騨牛の甘味のある美味しさを味わってほしいと、現地から直送している自慢の肉だ。

宿のホームページを見ると「常連のお客様へ」というページがある。宿泊するともらえるパスワードを打ち込まないと見ることができない。これぞ、この宿にある独自の戦略だ。どこまで書くべきか悩むところだが、時折ひっそりと行われる限られた客だけの〝特別なお楽しみ〟は、ものすごく本格的で、クオリティが高く、すこぶるおもしろい。宿には、常連しか入れない隠れた料亭があるのだ。どうすれば辿り着けるかは、是非ともこの宿に通ってみて探っていただきたい。秘密料亭専属の料理人が一組だけのゲストのために、その日だけの料理を作ってくれる。（現在、「割烹むげん」は新たなプランを始めている）

98. ランプの宿青荷《あおに》温泉（青森県・青荷温泉）――電気もテレビもない熟睡の宿

電気もねぇ、テレビもねぇ、もちろん携帯電話もねぇ（ほぼ圏外）。そんな静かな一夜を過ごす別世界の宿が「ランプの宿青荷温泉」だ。真夏にいけば、冷房はもちろん、扇風機もないから、「ひとりに一うちわ」。自分で扇ぎながら眠る。真冬にいけば、暖房は石油ストーブ。ランプと石油ストーブの炎の色に癒され、ストーブを消して布団にくるまって眠る。ランプの宿なんだから、それでいいし、そこがいいのだ。

夕暮れが近づくと、ランプ小屋からカランカランと音を立ててたくさんのランプが運ばれてくる。ひとつ、またひとつと、ランプが掛けられていくと、ふわっと温かい光が広がる。

宿は集落のようになっている。敷地には4つの温泉と宿泊する部屋が点在していて、みんなが浴衣で行き来する風情に、心温まる。

「健六《けんろく》の湯」は総ヒバ造り。大きなガラス窓から森へと続く景色を見ると、自然の中で木のぬくもりに包まれているような気分になる。夜はランプの灯りだけ。「わ。暗くて何も見えない……」。抜き足差し足、注意深く少しずつ湯船へ近づき、かけ湯をして温泉へ浸かる。「ふうううう」。肩まですっぽり湯に浸かれる絶妙な深さが気持ちいい。気が付けば、ランプだけの世界に慣れてきて、「この暗さが心地いい」と思えるようになる。

本当に灯りはランプしかない

泉質は単純温泉。弱アルカリ性で、つるりとした感触の温泉だ。肌にしっとりと寄り添う優しい化粧水のようだ。どっぷりと浸かると、ふんわりと包まれるような感覚が、なんともいえずほっとする。

吊り橋を渡った向こう側には、渓流の水音を聞きながら入る露天風呂がある。五右衛門風呂のような桶風呂もあって楽しめる。「滝見の湯」は石造りの内湯と、滝を眺める露天風呂で朝の時間が気持ちいい。

本館の内湯は、小さめの浴室の雰囲気がいい。ヒバ造りの湯船は深めで、静かに温泉に向き合う時間が過ごせる。

夕食はランプの下で大広間に集まって食べる。その光景は、集落の住人の会合みたいでなんとも心が和んでくる。徐々に日が落ちて、ランプの灯りだけになり、キャンドルナイトのようにロマンチックな晩餐だ。

夕食を食べ終わっても、まだ8時にもなっていなかった。夜はランプの灯りしかないから、温泉に入るか、ぼーっとするか、星でも眺めるか、などで過ごしてみるが、結局、9時過ぎにはぐっすり。不眠症の人はひとりもいない宿なのだ。

99. 大牧《おおまき》温泉 観光旅館（富山県・大牧温泉）――遊覧船でしか辿り着けない稀有な宿

船に乗らなければ、この宿へ辿り着くことができない。旅の愉しみは、行くまでの道のりにもあると思う。東京から新幹線に乗って2時間半、さらにバスに終点まで乗って1時間15分。ようやく遊覧船の乗り場につく。

そこから、庄川峡《しょうがわきょう》を遊覧船に乗って30分の小旅行だ。深い緑色の水面をゆっくりと船が進んでいく。小さな滝がいくつも見える。赤い鉄橋をくぐり、迫力のある吊り橋跡を通り、小さな遊覧船が宿の桟橋に到着する。「ああ。こんな秘境まで旅にきてしまった」という〝はるばる感〟がたまらない。

ご覧のとおり、ここには船でしか行けない

かつてこのあたりは、川が流れるのどかな集落だったそうだ。大牧温泉は今から835年前に発見された。合戦で敗れた平家の落人が隠れ家を求めてさまよっていた時に、川のほとりでこんこんと湧いている温泉を発見し、傷を癒したのが始まりだという。その後、村人の湯治場となっていたが、ダム建設によって水没してしまうために、現在の場所に移築した。

船が来ないと帰ることはできないのだという思いが、この宿に泊まる人たちの間に不思議な連帯感を生み、みんな一緒に宿へと歩きだす。

さあ、秘境のユートピアでの時間の始まりだ。浮世を忘れてのんびり過ごす。露天風呂でおしゃべりしたり、浴衣で川へ釣り糸をたらしている人もいる。

渓谷に面した露天風呂は女性専用で、温泉から眺められるのは、山の緑と空の青、エメラルドグリーンの水面である。秋は鮮やかな紅葉に埋もれ、冬は墨絵の世界になる。

源泉は湖底から湧いている。泉質はナトリウム・カルシウム―塩化物・硫酸塩泉で、pH8・14の弱アルカリ性。さらりとした軽やかな感触で、ぽかぽかと温まる温泉だ。

夕食はブリや甘えびの刺身など、富山湾の海の幸も並ぶ。秘境といえども、宿の中は快適で、温泉付きのベッドの部屋もある。なんといっても全室がリバービュー。ゆったりとしたエメラルドグリーンの川の流れと渓谷の景観を眺めて過ごせる。

100・寒《かん》の地獄《じごく》旅館（大分県・寒の地獄温泉）――冷たい冷たい地獄を味わえる温泉

〝極楽が味わえる地獄〟がある。宿の中で美しいエメラルドグリーンの温泉が、毎分2tという膨大な量で自然湧出している。源泉温度は14℃、冷たい冷たい寒の地獄温泉だ。手を入れてみると想像以上に冷たい。足を入れるだけでも、しびれるほどに冷たい。手を交差させて、わきの下に両手を挟んで、えい！ と気合で入る。そんな風にご主人が教えてくれた。

よし、試してみよう。湯船の底は湧いている場所だから、岩がごつごつしている。しかしながら、足元を確かめている余裕などはない。自分でもどうやって入ったかわからないほどのスピードで、ざぶざぶと湯船へ入り、「えいっ！」と一気に肩まで浸かった。

できた。入れた。でも、もう一㎜も動けない。「最初の3分は地獄。でもそれを乗り越えたら霊泉と呼ばれるこの温泉ならではの感動に出会えますよ」。どうしても、そこまで到達したい。

これが14℃しかないパワフルな温泉

じっと耐えること数分。ぎゅーっと、おしくらまんじゅうのように、すごいパワーで温泉が寄り添ってくる。「くくくくく〜」。ふと、腕を見るとふわふわと白い小さな湯の花がいっぱい生まれている。なんだ、これ。可愛すぎる。温泉が一生懸命にわたしを癒してくれている。そう思えて冷たい地獄に感動してとても愛おしくなった。

冷たい地獄に入って15分、今度は、ストーブの部屋へ駆け込む。真っ赤になったドラム缶ストーブのまわりで暖をとる「あぶりこみ暖」だ。霊泉はふかずに、そのままストーブにあたり、肌へと染み込ませるのが正統派の作法だ。寒の地獄を出てみると全身がぽっかぽかになっていた。冷たい温泉で収縮した血管が拡がり血の巡りが良くなったのだ。体の中で何かが沸々と立ちのぼってくるような爽快感だ。

霊泉・寒の地獄の入浴は、この宿のメインイベントだが、実は、普通に泊まっても、とても素敵な宿である。

硫黄たっぷりの冷たい源泉を加温した、ほっかほかの温泉に入れる大浴場「互久楽湯《ごくらく》」があり、その横には、ややぬるめの冷泉の浴槽もある。ここなら、あったかい温泉と冷泉に交互に入れるので、それほど気張らなくても気持ちよく楽しめる。貸切で入れる家族湯が3つもあって、空いていれば何度でも無料で入れる。

泉質は単純硫黄泉。濁り湯にはならないタイプの硫黄泉だが、入ると血行が促進されてぽかぽかに温まり、肌がつやつやになる。

豊後牛の溶岩焼きを囲炉裏で味わう料理が美味しい。厚切りの豊後牛は、食べ応えがあり、味わい深い肉汁が溢れ出す。九重町で自家栽培するコシヒカリのごはんはつやつやだ。

あとがき

温泉にどぼんと首まで浸かる。ざざーっと湯船から温泉があふれていく。「はぁ〜〜」「ふぅ〜〜」。言葉にならない音を発して、湯船の縁に頭をのせて脱力する。誰から教えられたわけでもないが、これぞ魂に響く至福の瞬間、日本の温泉の入り方だと思う。

温泉は生きている地球の生きている水だ。温泉に入ることは地球との対話である。温泉は、わざわざ旅をしないと出会えない唯一無二のものだ。その土地の地層にある成分を溶け込ませて、全力でわたしたちを癒してくれる。今日の温泉のご機嫌はどうだろうか――。

再び泊まりたい宿がある。いってみたい場所がある。書いて伝えたい宿の物語がまだまだたくさんある。これからもコツコツと旅をして、感動した話の続きを書いていこうと思う。

最後になるが、本書を執筆する機会を与えてくれて、原稿を入れるたびに丁寧に読んで、助言や励ましを続けてくれた、文藝春秋の石橋俊澄さんに心より感謝を申し上げたい。

子供の頃から、わたしを楽しい温泉旅に連れて行ってくれた父と母に感謝したい。いつもどんな時も温かく迎えてくれる全国の温泉宿のみなさん、本書を読んで一緒に旅をしてくれた読者のみなさんにも御礼をお伝えしたい。ありがとうございます。

2018年10月

旅人　石井宏子

99. 大牧温泉　観光旅館（富山県・大牧温泉）
富山県南礪市利賀村大牧 44
TEL：0763-82-0363　FAX：0763-82-0933
泉質：ナトリウム・カルシウム—塩化物・硫酸塩泉（かけ流し、一部循環利用）
料金：21,750 円〜
アクセス：万葉線「高岡駅」からバスで約 75 分の「小牧堰提」から観光遊覧船で 30 分
http://www.oomaki.jp/　【地図 C】

100. 寒の地獄旅館（大分県・寒の地獄温泉）
大分県玖珠郡九重町田野 257
TEL：0973-79-2124
泉質：単純硫黄泉（全て源泉かけ流し）
料金：13,000 円〜（税別）、ひとり泊まり 14,000 円〜（税別、平日のみ）
アクセス：JR 久大本線「豊後中村駅」から「九重町コミュニティバス」で約 50 分、「九重登山口」下車徒歩 10 分
http://kannojigoku.jp/　【地図 E】

95. 箱根本箱（神奈川県・箱根中強羅温泉）
神奈川県足柄下郡箱根町強羅 1320-491
TEL：0460-83-8025
泉質：酸性—ナトリウム・カルシウム—塩化物・硫酸塩泉ほか（大浴場は源泉かけ流し、客室の内湯は加水）
料金：18,321 円〜（税別）、ひとり泊まり（公式 HP でのみ受付け）
アクセス：箱根登山ケーブルカー「中強羅駅」から徒歩約 4 分
http://hakonehonbako.com/　【地図 C】

96. 里山十帖（新潟県・大沢山温泉）
新潟県南魚沼市大沢 1209-6
TEL：025-783-6777
泉質：ナトリウム—塩化物・炭酸水素塩泉（源泉かけ流し、循環併用）
料金：28,944 円〜、ひとり泊まり 34,344 円〜
アクセス：JR 上越線「大沢駅」から送迎車で約 5 分
http://www.satoyama-jujo.com/　【地図 B】

97. 強羅花扇　円かの杜（神奈川県・箱根強羅温泉）
神奈川県足柄下郡箱根町強羅 1320-862
TEL：0460-82-4100　FAX：0460-82-7900
泉質：ナトリウム—硫酸塩・炭酸水素塩泉ほか（全て源泉かけ流し）
料金：40,150 円〜
アクセス：箱根登山鉄道「強羅駅」から送迎車あり
https://gorahanaougi.com/madokanomori/　【地図 C】

98. ランプの宿青荷温泉（青森県・青荷温泉）
青森県黒石市大字沖浦字青荷沢滝ノ上 1-7
TEL：0172-54-8588　FAX：0172-54-2655
泉質：単純温泉（全て源泉かけ流し）
料金：9,870 円〜、ひとり泊まり 10,950 円〜
アクセス：弘南鉄道弘南線「黒石駅」から路線バスに乗り「虹の湖」バス停で下車、そこから送迎バスあり
http://www.yo.rim.or.jp/~aoni/　【地図 B】

【第 12 章】 ここだけにしかない個性派の宿 10 軒

91. 縄文人の宿（青森県・嶽温泉）
青森県弘前市大字常盤野字湯の沢 14
TEL：0172-83-2123
泉質：酸性・含硫黄―カルシウム―塩化物泉（全て源泉かけ流し）
料金：13,470 円～
アクセス：JR 奥羽本線「弘前駅」から車で約 40 分
http://www.dake-onsen.com/jomon/jomon.html 【地図 B】

92. 東府や Resort & Spa-Izu（静岡県・吉奈温泉）
静岡県伊豆市吉奈 98
TEL：0558-85-1000 FAX：0558-85-1001
泉質：アルカリ性単純温泉（基本的に循環利用。客室の浴槽は循環利用せず、加水・加温。部屋によっては源泉かけ流し）
料金：27,690 円～、ひとり泊まり 28,770 円～
アクセス：伊豆箱根鉄道「修善寺駅」から車で約 20 分
http://www.tfyjapan.com/ 【地図 C】

93. 大丸温泉旅館（栃木県・奥那須温泉）
栃木県那須郡那須町湯本 269
TEL：0287-76-3050 FAX：0287-76-1484
泉質：単純温泉（全て源泉かけ流し）
料金：16,000 円～（税別）
アクセス：JR 東北新幹線「那須塩原駅」から車で約 40 分
http://www.omaru.co.jp/ 【地図 B】

94. 花仙庵 岩の湯（長野県・仙仁温泉）
長野県須坂市仁礼 3159
TEL：026-245-2453 FAX：026-248-0047
泉質：単純温泉（全て源泉かけ流し）
料金：28,180 円～
アクセス：長野電鉄「須坂駅」から車で約 15 分 【地図 C】

るいはJR久大本線「由布院駅」から送迎バスあり
http://resonate.co.jp/ 【地図E】

87. 瀬戸内リトリート 青凪（愛媛県・松山市）
愛媛県松山市柳谷町794-1
TEL：089-977-9500
泉質：単純弱放射能冷鉱泉（加温循環利用）
料金：48,600円、ひとり泊まり69,660円〜
アクセス：JR予讃線「松山駅」から車で約35分
https://www.setouchi-aonagi.com/ 【地図E】

88. ホテリ・アアルト（福島県・大府平温泉）
福島県耶麻郡北塩原村大字檜原字大府平1073-153
TEL：0241-23-5100 FAX：0241-23-5101
泉質：含硫黄—ナトリウム・カルシウム—塩化物泉（全て源泉かけ流し）
料金：28,000円〜、ひとり泊まり38,000円〜
アクセス：JR磐越西線「猪苗代駅」から無料送迎あり
https://hotelliaalto.com/ 【地図B】

89. 旅館 心乃間間（熊本県・久木野温泉）
熊本県阿蘇郡南阿蘇村河陰5304-1
TEL：0967-67-2411
泉質：ナトリウム—炭酸水素塩・硫酸塩泉（全て源泉かけ流し）
料金：21,600円〜
アクセス：JR九州新幹線「熊本駅」から俵山バイパス経由の車で約60分
http://konomama.jp/ 【地図E】

90. オーベルジュ土佐山（高知県・土佐山温泉）
高知県高知市土佐山東川661
TEL：088-850-6911
泉質：ナトリウム性単純温泉（循環利用、一部かけ流し）
料金：19,440円〜、ひとり泊まり24,840円〜
アクセス：JR土讃線「高知駅」から車で約40分。「オリエントホテル高知」より無料の送迎バスあり
http://www.orienthotel.jp/tosayama/ 【地図D】

料金：16,200円～、ひとり泊まり17,280円～
アクセス：JR久大本線「由布院駅」から車で約5分
https://tsukanoma.club/ 【地図E】

83. 百年ゆ宿　旅館大沼（宮城県・東鳴子温泉）
宮城県大崎市鳴子温泉字赤湯34
TEL：0229-83-3052　FAX：0229-83-3927
泉質：ナトリウム—炭酸水素塩泉（全て源泉かけ流し）
料金：10,584円～、ひとり泊まり10,584円～
アクセス：JR陸羽東線「鳴子御殿湯駅」から徒歩約5分
http://www.ohnuma.co.jp/ 【地図B】

84. 川島旅館（北海道・豊富温泉）
北海道天塩郡豊富町字温泉
TEL：0162-82-1248　FAX：0162-82-1270
泉質：含ヨウ素—ナトリウム—塩化物泉（全て源泉かけ流し）
料金：15,120円～、ひとり泊まり15,120円～
アクセス：JR宗谷本線「豊富駅」から車で約10分
http://kawashimaryokan.co.jp/ 【地図A】

【第11章】 こだわり建築の宿6軒

85. 坐忘林（北海道・ニセコ花園温泉）
北海道虻田郡倶知安町花園76-4
TEL：0136-23-0003
泉質：ナトリウム—炭酸水素塩・塩化物泉（全て源泉かけ流し）
料金：75,000円～、ひとり泊まり125,000円～
アクセス：JR函館本線「倶知安駅」から車で約10分
https://zaborin.com/ 【地図A】

86. レゾネイトクラブくじゅう（大分県・久住高原）
大分県竹田市久住町大字有氏1773-25
TEL：0974-76-1223　FAX：0974-76-1460
泉質：ナトリウム・マグネシウム・カルシウム—炭酸水素塩・硫酸塩泉（かけ流し、内湯・露天風呂は加温循環利用）
料金：15,000円～、ひとり泊まり19,000円～
アクセス：JR豊肥本線「豊後竹田駅」から車で約30分。あ

料金：10,950円～、ひとり泊まり10,950円～
アクセス：JR東北新幹線「北上駅」から送迎車で約50分
http://www.mizuki.sakura.ne.jp/~geto/ 【地図B】

【第10章】 現代湯治の宿6軒

79. サリーガーデンの宿　湯治柳屋（大分県・別府鉄輪温泉）
大分県別府市鉄輪井田2組　鉄輪銀座通り
TEL：0977-66-4414、4415　FAX：0977-66-4404
泉質：ナトリウム―塩化物泉（全てかけ流し）
料金：18,900円～、ひとり泊まり22,140円～
アクセス：JR日豊本線「別府駅」から車で約15分
https://beppu-yanagiya.jp/ 【地図E】

80. 養生館はるのひかり（神奈川県・箱根湯本温泉）
神奈川県足柄下郡箱根町湯本554
TEL：0460-85-5641
泉質：ナトリウム・カルシウム―塩化物・硫酸塩泉（全て源泉かけ流し）
料金：13,974円～、ひとり泊まり16,134円～
アクセス：箱根登山鉄道「箱根湯本駅」から乗り合い100円バスBコースで宿名を運転手に告げる
https://harunohikari.com/ 【地図C】

81. 丸屋旅館（山形県・肘折温泉）
山形県最上郡大蔵村大字南山519
TEL：0233-76-2021
泉質：ナトリウム―塩化物・炭酸水素塩泉（全て源泉かけ流し）
料金：16,500円～、ひとり泊まり24,600円～
アクセス：JR山形新幹線「新庄駅」より「肘折温泉行き」バスで約1時間15分
https://www.maruya-ryokan.com/ 【地図B】

82. 束ノ間（大分県・由布院温泉）
大分県由布市湯布院町川上444-3
TEL：0977-85-3105　FAX：0977-85-5008
泉質：ナトリウム―塩化物泉（全て源泉かけ流し）

アクセス：JR 豊肥本線「阿蘇駅」から九州横断バスで約 50 分
http://www.sanga-ryokan.com/ 【地図 E】

75. 温泉旅館　銀婚湯（北海道・上の湯温泉）
北海道二海郡八雲町上の湯 199
TEL：0137-67-3111　FAX：0137-67-3355
泉質：ナトリウム―塩化物・炭酸水素塩泉など 5 本の自家源泉（全てかけ流し、適温化のため湧水を加水）
料金：10,950 円〜、ひとり泊まり 12,030 円〜
アクセス：JR 函館本線「落部駅」から送迎車で約 15 分
http://www.ginkonyu.com/ 【地図 A】

76. 槍見の湯　槍見舘（岐阜県・新穂高温泉）
岐阜県高山市奥飛騨温泉郷神坂
TEL：0578-89-2808　FAX：0578-89-2309
泉質：単純温泉ほか（全てかけ流し）
料金：18,510 円〜、ひとり泊まり 21,750 円〜（部屋に空きがある日のみ）
アクセス：JR 高山本線「高山駅」から「新穂高温泉行き」、もしくは JR 中央本線「松本駅」から「新穂高ロープウェイ行き」のバスに乗り、いずれも「中尾高原口」下車
https://www.yarimikan.com/ 【地図 C】

77. 旅館　藤もと（熊本県・奥満願寺温泉）　閉業
熊本県阿蘇郡南小国町満願寺 6069-1
TEL：0967-44-0057
泉質：ナトリウム―塩化物・硫酸塩・炭酸水素塩泉（全て源泉かけ流し）
料金：19,074 円〜
アクセス：JR 久大本線「日田駅」から車で約 25 分
http://fuji-moto.com/ 【地図 E】

78. 元湯夏油（岩手県・夏油温泉）
岩手県北上市和賀町岩崎新田 1-22
TEL：090-5834-5151　FAX：0197-62-8033
泉質：ナトリウム・カルシウム―塩化物泉ほか（全て源泉かけ流し）

バス」で「月山口」下車、そこから無料送迎あり
http://www.gassan-tsutaya.co.jp/ 【地図 B】

71. 滝乃家（北海道・登別温泉）
北海道登別市登別温泉町 162
TEL：0143-84-2222　FAX：0143-84-2611
泉質：硫黄泉・食塩泉・鉄泉・ラジウム泉（全て源泉かけ流し）
料金：32,550 円〜、ひとり泊まり 32,550 円〜
アクセス：JR「登別駅」から車で約 10 分
http://www.takinoya.co.jp/ 【地図 A】

72. 都わすれ（秋田県・夏瀬温泉）
秋田県仙北市田沢湖卒田字夏瀬 84
TEL：0187-44-2220　FAX：0187-44-2219
泉質：ナトリウム・カルシウム―硫酸塩泉（全て源泉かけ流し）
料金：27,930 円〜、ひとり泊まり 37,700 円〜
アクセス：JR 秋田新幹線「角館駅」から車で約 30 分。もしくは駅から無料送迎あり
http://www.taenoyu.com/natsuseonsen.html 【地図 B】

【第 9 章】 湯めぐりが楽しい宿 6 軒

73. 中房温泉（長野県・中房温泉）
長野県安曇野市穂高有明 7226
TEL：0263-77-1488　FAX：0263-77-4288
泉質：単純硫黄泉／単純温泉（全て源泉かけ流し）
料金：8,800 円〜（税別）、ひとり泊まり 11,800 円〜（税別）
アクセス：JR 大糸線「穂高駅」から車で約 60 分
http://www.nakabusa.com/ 【地図 C】

74. 旅館　山河（熊本県・黒川温泉）
熊本県阿蘇郡南小国町満願寺 6961-1
TEL：0967-44-0906　FAX：0967-44-0570
泉質：単純硫黄泉／ナトリウム―塩化物・炭酸水素塩・硫酸塩泉（全て源泉かけ流し）
料金：16,200 円〜、ひとり泊まり 19,440 円〜

（全てかけ流し）
料金：13,218 円〜、ひとり泊まり 17,970 円〜
アクセス：JR 秋田新幹線「田沢湖駅」から車で約 50 分
http://www.taenoyu.com/ 【地図 B】

67. 加仁湯（栃木県・奥鬼怒温泉）
栃木県日光市川俣 871
TEL：0288-96-0311 FAX：0288-96-0927
泉質：含硫黄―ナトリウム―塩化物・炭酸水素塩泉など 5 源泉（全て源泉かけ流し）
料金：14,190 円〜、ひとり泊まり 14,190 円〜
アクセス：東武鬼怒川線「鬼怒川温泉駅」で市営バスに乗り、終点「女夫渕」から送迎バスで約 25 分
http://www.naf.co.jp/kaniyu/ 【地図 B】

68. 蟹場温泉（秋田県・乳頭温泉郷）
秋田県仙北市田沢湖田沢字先達沢国有林
TEL：0187-46-2021
泉質：ナトリウム―炭酸水素塩泉ほか（全て源泉かけ流し）
料金：10,410 円〜、ひとり泊まり 11,490 円〜
アクセス：JR 秋田新幹線「田沢湖駅」から車で約 25 分
http://www.nyuto-onsenkyo.com/ganiba.html 【地図 B】

69. 野の花山荘（岐阜県・新穂高温泉）
岐阜県高山市奥飛騨温泉郷神坂 707-316
TEL：0578-89-0030 FAX：0578-89-2885
泉質：単純温泉（全て源泉かけ流し）
料金：15,270 円〜、ひとり泊まり 16,270 円〜
アクセス：長野自動車道・松本 IC から R158・安房トンネル経由、R471 で約 90 分
https://nono87.jp/ 【地図 C】

70. 変若水の湯　つたや（山形県・月山志津温泉）
山形県西村山郡西川町志津 10
TEL：0237-75-2222 FAX：0237-75-2208
泉質：ナトリウム―塩化物泉（循環利用）
料金：15,200 円〜、ひとり泊まり 15,200 円〜（シングルのみ）
アクセス：JR 山形新幹線「山形駅」から「鶴岡酒田行き高速

料金：18,576円～、ひとり泊まり21,966円～
アクセス：東海北陸自動車道「美濃I.C.」から車で約60分
http://www.sugishima.com/ 【地図C】

63. 山ふところの宿みやま（宮城県・川渡温泉）

宮城県大崎市鳴子温泉字要害91
TEL：0229-84-7641 FAX：0229-84-7778
泉質：単純温泉（全て源泉かけ流し）
料金：9,114円（本館）17,430円（別館）、ひとり泊まり9,330円（本館）19,590円（別館）
アクセス：JR陸羽東線「川渡温泉駅」から車で約5分。送迎もあり（要予約）
http://www.yado-miyama.com/ 【地図B】

64. 山里のいおり 草円（岐阜県・福地温泉）

岐阜県高山市奥飛騨温泉郷福地温泉831
TEL：0578-89-1116
泉質：弱アルカリ性単純温泉（全て源泉かけ流し）
料金：18,800円～（税別）、ひとり泊まり20,800円～（税別）
アクセス：JR中央本線「松本駅」から特急路線バスで約100分
https://www.soene.com/ 【地図C】

65. 貝掛温泉（新潟県・貝掛温泉）

新潟県南魚沼郡湯沢町三俣686
TEL：025-788-9911
泉質：ナトリウム・カルシウム―塩化物泉（全て自噴泉の源泉かけ流し）
料金：16,350円～、ひとり泊まり19,590円～
アクセス：JR上越新幹線「越後湯沢駅」から車で約15分
http://www.kaikake.jp/ 【地図B】

【第8章】 雪景が素晴らしい宿7軒

66. 妙乃湯（秋田県・乳頭温泉郷）

秋田県仙北市田沢湖生保内字駒ヶ岳2-1
TEL：0187-46-2740 FAX：0187-46-2207
泉質：単純温泉／酸性―カルシウム・マグネシウム―硫酸塩泉

【第7章】 魅惑のぬる湯がある宿7軒

59. 宝巌堂（新潟県・栃尾又温泉）
新潟県魚沼市上折立 60-乙
TEL：0120-04-2216、025-795-2216
FAX：025-795-2949
泉質：単純放射能泉（全て源泉かけ流し、内湯・上がり湯のみ循環・加温利用）
料金：19,590 円〜、ひとり泊まり 19,590 円〜
アクセス：JR 上越線「小出駅」から「栃尾又温泉行き」バスで約 30 分
http://www.ho-gan-do.com/ 【地図 B】

60. ホテル祖谷温泉（徳島県・祖谷温泉）
徳島県三好市池田町松尾松本 367-28
TEL：0883-75-2311　FAX：0883-75-2418
泉質：アルカリ性単純硫黄温泉（露天風呂は源泉かけ流し、館内内湯は循環利用）
料金：19,590 円〜、ひとり泊まり 29,850 円〜
アクセス：JR 土讃線「大歩危駅」から車で約 30 分（送迎車あり）
https://www.iyaonsen.co.jp/ 【地図 D】

61. 風雅の宿　長生館（新潟県・村杉温泉）
新潟県阿賀野市村杉 4632-8
TEL：0250-66-2111　FAX：0250-66-2151
泉質：単純放射能泉（内湯は一部放流式循環利用、露天風呂は一部放流式循環利用の浴槽と源泉かけ流しの浴槽）
料金：17,430 円〜、ひとり泊まり 24,990 円〜
アクセス：JR 上越新幹線「新潟駅」から無料送迎バスで約 45 分
http://www.chouseikan.co.jp/ 【地図 B】

62. 湯元　すぎ嶋（岐阜県・神明温泉）
岐阜県関市板取 4838
TEL：0581-57-2532　FAX：0581-57-2270
泉質：アルカリ性単純温泉（源泉かけ流し、露天風呂のついた部屋は源泉を加えて循環利用）

55. 旅館　福元屋（大分県・壁湯温泉）
大分県玖珠郡九重町町田 62-1
TEL：0973-78-8754　FAX：0973-78-9220
泉質：単純温泉（洞窟温泉は自噴泉の源泉かけ流し、貸切温泉は加温かけ流し）
料金：14,500 円〜、ひとり泊まり 15,500 円〜
アクセス：JR 久大本線「豊後森駅」から車で約 30 分
http://www.kabeyu.jp/　【地図 E】

56. 岩井屋（鳥取県・岩井温泉）
鳥取県岩美郡岩美町岩井 544
TEL：0857-72-1525　FAX：0857-73-0123
泉質：カルシウム・ナトリウム―硫酸塩泉（全て自噴泉の源泉かけ流し）
料金：19,440 円〜、ひとり泊まり 21,600 円〜（平日のみ）
アクセス：JR 山陰本線「岩美駅」から「岩井温泉行き」バスで約 10 分の「岩井温泉」下車徒歩 1 分
http://www.iwaiya.jp/　【地図 D】

57. 酸ヶ湯（青森県・酸ヶ湯温泉）
青森県青森市荒川字南荒川山国有林小字酸湯沢 50
TEL：017-738-6400　FAX：017-738-6677
泉質：酸性・含鉄・硫黄―アルミニウム―硫酸塩・塩化物泉（全て源泉かけ流し）
料金：11,490 円〜、ひとり泊まり 13,650 円〜
アクセス：JR 奥羽本線「青森駅」から無料送迎バスで約 70 分
https://www.sukayu.jp/　【地図 B】

58. 旅館大黒屋（福島県・甲子温泉）
福島県西白河郡西郷村真船字寺平 1
TEL：0248-36-2301　FAX：0248-36-2304
泉質：単純温泉（全て源泉かけ流し）
料金：16,350 円〜、ひとり泊まり 18,510 円〜
アクセス：JR 東北新幹線「新白河駅」から車で約 40 分。無料送迎バスあり
http://www.kashionsen.jp/　【地図 B】

51. 蔦温泉旅館（青森県・蔦温泉）
青森県十和田市奥瀬字蔦野湯 1
TEL：0176-74-2311
泉質：ナトリウム・カルシウム―硫酸塩・炭酸水素塩・塩化物泉ほか（源泉湧き流し、湧水で加水）
料金：14,040 円～（入湯税別）、ひとり泊まり 16,200 円～（入湯税別）
アクセス：JR 東北新幹線「七戸十和田駅」から車で約 50 分
http://tsutaonsen.com/ 【地図 B】

52. 名泉鍵湯　奥津荘（岡山県・奥津温泉）
岡山県苫田郡鏡野町奥津 48
TEL：0868-52-0021　FAX：0868-52-0608
泉質：アルカリ性単純温泉（全て源泉かけ流し、足元湧出）
料金：22,680 円～、ひとり泊まり 31,320 円～
アクセス：JR 津山線「津山駅」から中鉄バスで約 60 分
http://www.okutsuso.com/ 【地図 D】

53. 大丸あすなろ荘（福島県・二岐温泉）
福島県岩瀬郡天栄村湯本字下二俣 5
TEL：0248-84-2311　FAX：0248-84-2568
泉質：カルシウム―硫酸塩泉（6 つの自然湧出源泉、全て源泉かけ流し）
料金：17,430 円～、ひとり泊まり 18,510 円～
アクセス：JR 東北新幹線「新白河駅」からバス「湯ったりヤーコン号」で約 90 分
http://www.daimaruasunarosou.com/ 【地図 B】

54. 旅館　大橋（鳥取県・三朝温泉）
鳥取県東伯郡三朝町三朝 302-1
TEL：0858-43-0211
泉質：含弱放射能―ナトリウム・塩化物泉（全てかけ流し、自家源泉 5 カ所のうち 3 カ所が自噴泉）
料金：25,920 円～
アクセス：JR 山陰本線「倉吉駅」から車で約 30 分
https://www.o-hashi.net/ 【地図 D】

料金：31,470円〜
アクセス：JR山形新幹線「かみのやま温泉駅」から車で約5分
https://www.meigetsuso.co.jp/ 【地図B】

48. さぎの湯荘（島根県・鷺の湯温泉）
島根県安来市古川町478-1
TEL：0854-28-6211
泉質：含放射能—ナトリウム・カルシウム—塩化物・硫酸塩泉（全て源泉かけ流し）
料金：14,190円〜、ひとり泊まり16,350円〜
アクセス：JR山陰本線「安来駅」から車で約15分
http://www.saginoyusou.com/ 【地図D】

【第6章】 ぷくぷく自噴泉のある宿10軒

49. 鶴の湯温泉（秋田県・乳頭温泉郷）
秋田県仙北市田沢湖田沢字先達沢国有林50
TEL：0187-46-2139
泉質：含硫黄—ナトリウム・カルシウム—塩化物・炭酸水素塩泉ほか（全てかけ流し）
料金：8,790円〜（冬季間は暖房代として1部屋+1,080円）、ひとり泊まり8,790円〜（同前）
アクセス：JR秋田新幹線「田沢湖駅」から路線バスで約40分、「アルパこまくさ」より送迎あり
http://www.tsurunoyu.com/ 【地図B】

50. 法師温泉　長寿館（群馬県・法師温泉）
群馬県利根郡みなかみ町永井650
TEL：0278-66-0005　FAX：0278-66-0003
泉質：カルシウム・ナトリウム—硫酸塩泉／単純温泉（3浴場のうち2カ所は源泉かけ流し、1浴場のみ循環加温利用）
料金：16,350円〜、ひとり泊まり18,510円〜
アクセス：JR上越新幹線「上毛高原駅」から関越交通バスに乗り、終点「猿ヶ京」から町営バスに乗り継ぎ約20分
http://www.hoshi-onsen.com/ 【地図C】

温のため 25% の井戸水を加水）
料金：18,360 円〜、ひとり泊まり 23,760 円〜
アクセス：長野電鉄「湯田中駅」から徒歩約 7 分
http://yudanaka-yoroduya.com/　【地図 C】

44. 旅館　花屋（長野県・別所温泉）

長野県上田市別所温泉 169
TEL：0268-38-3131　FAX：0268-38-7923
泉質：単純硫黄泉（全て源泉かけ流し）
料金：18,510 円〜、ひとり泊まり 23,910 円〜
アクセス：上田電鉄別所線「別所温泉駅」から無料シャトルバス（予約不要／定時／年末年始運休）で約 1 分
http://hanaya.naganoken.jp/　【地図 C】

45. 国民宿舎　箱根太陽山荘（神奈川県・箱根強羅温泉）

神奈川県足柄下郡箱根町強羅 1320-375
TEL：0460-82-3388　FAX：0460-82-5968
泉質：酸性—カルシウム・マグネシウム—硫酸塩・塩化物泉（全て源泉かけ流し）
料金：8,790 円〜
アクセス：箱根登山鉄道「強羅駅」から徒歩で約 5 分
http://www.taiyosanso.com/　【地図 C】

46. 忘れの里　雅叙苑（鹿児島県・妙見温泉）

鹿児島県霧島市牧園町宿窪田 4230
TEL：0995-77-2114
泉質：ナトリウム・カルシウム・マグネシウム—炭酸水素塩泉ほか（全て源泉かけ流し）
料金：28,230 円〜、ひとり泊まり＋10,800 円（要相談）
アクセス：JR 肥薩線「嘉例川駅」から車で約 10 分
http://www.gajoen.jp/　【地図 E】

47. 名月荘（山形県・かみのやま温泉）

山形県上山市葉山 5-50
TEL：0120-72-0330、023-672-0330
FAX：023-672-6905
泉質：ナトリウム・カルシウム—塩化物・硫酸塩泉（循環濾過利用、部屋によってはかけ流し）

もしくは送迎バスあり（当日、乗船時に要連絡）
http://www.iwaso.com/ 【地図 E】

40. 向瀧（福島県・会津東山温泉）
福島県会津若松市東山町大字湯本字川向 200
TEL：0242-27-7501 FAX：0242-28-0939
泉質：ナトリウム・カルシウム—硫酸塩・塩化物泉（全て源泉かけ流し）
料金：18,510 円〜、ひとり泊まり 23,910 円〜
アクセス：JR 磐越西線「会津若松駅」からまちなか周遊バス「ハイカラさん」または「あかべぇ」に乗り「東山温泉駅」下車徒歩約 90 秒
https://www.mukaitaki.com/ 【地図 B】

41. 湯元　長座（岐阜県・福地温泉）
岐阜県高山市奥飛騨温泉郷福地温泉
TEL：0578-89-0099
泉質：単純温泉／ナトリウム—塩化物・炭酸水素塩泉（源泉かけ流し、貸切風呂のみ循環利用）
料金：20,670 円〜、ひとり泊まり 21,000 円〜（税別、要相談）
アクセス：JR 高山線「高山駅」から車で約 80 分
http://www.cyouza.com/ 【地図 C】

42. かよう亭（石川県・山中温泉）
石川県加賀市山中温泉東町 1-ホ-20
TEL：0761-78-1410 FAX：0761-78-1121
泉質：カルシウム・ナトリウム—硫酸塩泉（大浴場露天風呂は源泉かけ流し、大浴場内湯・客室の露天風呂は循環濾過併用かけ流し）
料金：50,760 円〜（入湯税別）、ひとり泊まり 72,510 円〜（入湯税別）
アクセス：JR 北陸本線「加賀温泉駅」から車で約 20 分
http://www.kayotei.jp/ 【地図 C】

43. よろづや（長野県・湯田中温泉）
長野県下高井郡山ノ内町平穏 3137
TEL：0269-33-2111 FAX：0269-33-2119
泉質：ナトリウム—塩化物・硫酸塩泉（全てかけ流し。源泉高

36. アルカナ　イズ（静岡県・湯ヶ島温泉）
静岡県伊豆市湯ヶ島 1662
TEL：0558-85-2700　FAX：0558-85-2701
予約メールアドレス：reservation@arcanaresorts.com
泉質：ナトリウム・カルシウム—硫酸塩泉（全て源泉かけ流し）
料金：49,500 円〜、ひとり泊まり 72,000 円〜
アクセス：伊豆箱根鉄道「修善寺駅」から車で 20 分
http://www.arcanaresorts.com/ 【地図 C】

37. 陶泉　御所坊（兵庫県・有馬温泉）
兵庫県神戸市北区有馬町 858
TEL：078-904-0551
泉質：含鉄—ナトリウム—塩化物強塩泉（全て源泉かけ流し）
料金：25,000 円〜、ひとり泊まり 35,000 円〜
アクセス：神戸電鉄「有馬温泉駅」から徒歩 5 分、送迎あり
http://goshoboh.com/ 【地図 D】

38. 三水館（長野県・鹿教湯温泉）
長野県上田市西内 1866-2
TEL：0268-44-2731　FAX：0268-44-2733
泉質：単純温泉（循環利用、砂濾過式）
料金：16,350 円〜、ひとり泊まり 18,510 円〜（月曜から木曜まで）
アクセス：JR 北陸新幹線「上田駅」から「鹿教湯温泉行き」バスに乗り「鹿教湯橋」下車、徒歩 5 分
http://sansuikan.info/ 【地図 C】

【第 5 章】 日本文化を楽しむ宿 10 軒

39. 岩惣（広島県・宮島温泉）
広島県廿日市市宮島町もみじ谷
TEL：0829-44-2233　FAX：0829-44-2230
泉質：単純弱放射能冷鉱泉（加温・換水時のみ加水・循環利用）
料金：23,910 円〜
アクセス：JR「宮島口駅」から徒歩約 5 分の「宮島口桟橋」から連絡船にて「宮島桟橋」まで行き、そこから車で約 5 分。

http://www.asaba-ryokan.com/ 【地図C】

32. 松田屋ホテル（山口県・湯田温泉）
山口県山口市湯田温泉3-6-7
TEL：083-922-0125　FAX：083-925-6111
泉質：アルカリ性単純温泉（全て源泉かけ流し）
料金：21,600円〜、ひとり泊まり31,000円〜（税別）
アクセス：JR山陽新幹線「新山口駅」から車で約20分
http://www.matsudayahotel.co.jp/ 【地図E】

33. 山人— yamado —（岩手県・湯川温泉）
岩手県和賀郡西和賀町湯川52地割71-10
TEL：0197-82-2222　FAX：0197-82-2888
泉質：単純温泉（全て源泉かけ流し）
料金：31,320円〜、ひとり泊まり54,000円〜
アクセス：JR北上線「ほっとゆだ駅」から車で約7分
http://www.yamado.co.jp/【地図B】

34. 由布院　玉の湯（大分県・由布院温泉）
大分県由布市湯布院町湯の坪
TEL：0977-84-2158　FAX：0977-85-4179
泉質：単純温泉（大浴場は循環かけ流し併用、客室のお風呂は源泉かけ流し）
料金：35,790円〜、ひとり泊まり50,910円〜
アクセス：JR久大本線「由布院駅」から車で約3分
https://tamanoyu.co.jp/ 【地図E】

35. 明神館（長野県・扉温泉）
長野県松本市入山辺8967
TEL：0120-37-1810、0263-31-2301
FAX：0263-31-2345
泉質：アルカリ性単純温泉（大浴場と青龍庵は循環放流、癒し風呂はかけ流し）
料金：27,150円〜、ひとり泊まり37,950円〜
アクセス：JR中央本線「松本駅」から無料シャトルバスで約35分
http://www.tobira-group.com/myojinkan/ 【地図C】

28. 温泉山荘だいこんの花（宮城県・遠刈田温泉）
宮城県刈田郡蔵王町遠刈田温泉北山 21-7
TEL：0224-34-1155　FAX：0224-34-1114
泉質：ナトリウム―塩化物・炭酸水素塩・硫酸塩泉（全てかけ流し）
料金：33,480 円～、ひとり泊まり 44,280 円～
アクセス：JR 東北新幹線「白石蔵王駅」から車で約 40 分（片道 1,000 円で乗り合いタクシーあり）
https://www.ichinobo.com/daikon-no-hana/　【地図 B】

【第 4 章】　美食を堪能する宿 10 軒

29. 望洋楼（福井県・三国温泉）
福井県坂井市三国町米ケ脇 4-3-38
TEL：0776-82-0067　FAX：0776-82-0698
泉質：ナトリウム・カルシウム―塩化物泉（源泉かけ流し、一部は放流・循環併用式）
料金：32,400 円～、ひとり泊まり 43,200 円～
アクセス：JR 北陸本線「芦原温泉駅」から車で約 20 分
http://www.bouyourou.co.jp/　【地図 D】

30. あらや滔々庵（石川県・山代温泉）
石川県加賀市山代温泉湯の曲輪
TEL：0761-77-0010　FAX：0761-77-0008
泉質：ナトリウム・カルシウム―硫酸塩・塩化物泉（全て源泉かけ流し）
料金：35,640 円～、ひとり泊まり 48,600 円～
アクセス：JR 北陸本線「加賀温泉駅」から車で約 10 分
http://www.araya-totoan.com/　【地図 C】

31. あさば（静岡県・修善寺温泉）
静岡県伊豆市修善寺 3450-1
TEL：0558-72-7000　FAX：0558-72-7077
泉質：アルカリ性単純温泉（全て源泉かけ流し）
料金：46,050 円～、ひとり泊まり 65,490 円～　※子供は 7 歳から受け入れ
アクセス：伊豆箱根鉄道「修善寺駅」から車で約 7 分

24. 望水（静岡県・北川温泉）
静岡県賀茂郡東伊豆町北川温泉
TEL：0557-23-1230　FAX：0557-23-1231
泉質：ナトリウム・カルシウム―塩化物泉（貸切風呂は源泉かけ流し、他は放流循環併用式）
料金：30,390円〜、ひとり泊まり33,630円〜
アクセス：伊豆急「伊豆熱川駅」から送迎あり
https://www.bousui.com/　【地図C】

25. べにや無何有（石川県・山代温泉）
石川県加賀市山代温泉55-1-3
TEL：0761-77-1340　FAX：0761-76-1340
泉質：カルシウム・ナトリウム―硫酸塩泉（加温による源泉循環利用）
料金：36,870円〜、ひとり泊まり53,070円〜
アクセス：JR北陸本線「加賀温泉駅」から車で約10分。駅からの無料シャトルバスあり
http://mukayu.com/　【地図C】

26. 別邸　仙寿庵（群馬県・谷川温泉）
群馬県利根郡みなかみ町谷川614
TEL：0278-20-4141　FAX：0278-72-1860
泉質：カルシウム・ナトリウム―硫酸塩・塩化物泉（客室の露天風呂は源泉かけ流し、大浴場の露天風呂は循環併用）
料金：39,894円〜、ひとり泊まり44,430円〜（できない時期あり）
アクセス：JR上越線「水上駅」から車で約10分
http://www.senjyuan.jp/　【地図C】

27. ハイアット リージェンシー 箱根 リゾート&スパ（神奈川県・箱根強羅温泉）
神奈川県足柄下郡箱根町強羅1320
TEL：0460-82-2000　FAX：0460-82-2001
泉質：酸性―ナトリウム・カルシウム―塩化物・硫酸塩泉（大浴場は循環濾過利用、客室の浴槽はお湯）
料金：34,800円〜、ひとり泊まり49,450円〜
アクセス：箱根登山鉄道「強羅駅」から車で約5分
https://hakone.regency.hyatt.jp　【地図C】

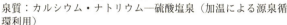

20. おとぎの宿　米屋（福島県・須賀川温泉）
福島県須賀川市岩渕字笠木 168−2
TEL：0248−62−7200　FAX：0248−62−7131
泉質：アルカリ性単純温泉（全て源泉かけ流し、夏のみ加水）
料金：29,310 円〜、ひとり泊まり 41,190 円〜
アクセス：JR 東北本線「須賀川駅」から車で約 10 分
http://e-yoneya.com/　【地図 B】

【第 3 章】 最高のスパに身を委ねる宿 8 軒

21. 箱根吟遊（神奈川県・宮ノ下温泉）
神奈川県足柄下郡箱根町宮ノ下 100−1
TEL：0460−82−3355　FAX：0460−82−3614
泉質：ナトリウム―塩化物泉（スパの温泉は源泉かけ流し、客室と湯処は循環利用）
料金：29,000 円〜、ひとり泊まり 43,500 円〜
アクセス：箱根登山鉄道「宮ノ下駅」から徒歩 3 分
http://www.hakoneginyu.co.jp/　【地図 C】

22. 別邸　音信（山口県・長門湯本温泉）
山口県長門市湯本温泉
TEL：0837−25−3377　FAX：0837−25−3771
泉質：アルカリ性単純温泉（客室の露天風呂は源泉かけ流し、大浴場は循環利用）
料金：38,000 円〜（税別）、ひとり泊まり 48,000 円〜（税別）
アクセス：JR 美祢線「長門湯本駅」から車で約 5 分
https://otozure.jp/　【地図 E】

23. リバーリトリート雅樂倶（富山県・春日温泉）
富山県富山市春日 56−2
TEL：076−467−5550　FAX：076−467−3400
泉質：ナトリウム―塩化物泉（循環濾過利用）
料金：28,000 円〜、ひとり泊まり 37,000 円〜
アクセス：JR 北陸新幹線「富山駅」から車で約 40 分
https://www.garaku.co.jp/　【地図 C】

16. ONSEN　RYOKAN　山喜（栃木県・板室温泉）
栃木県那須塩原市板室 844
TEL：0287-69-0011（予約専用）　FAX：0287-69-1045
泉質：アルカリ性単純温泉（全て源泉かけ流し）
料金：17,000 円～
アクセス：JR 東北新幹線「那須塩原駅」から車で約 30 分
http://yamaki-onsen.com/　【地図 B】

17. 村のホテル　住吉屋（長野県・野沢温泉）
長野県下高井郡野沢温泉村豊郷 8713
TEL：0269-85-2005　FAX：0269-85-2501
泉質：含硫黄―ナトリウム・カルシウム―硫酸塩泉（全て源泉かけ流し）
料金：16,500 円～（税別）、ひとり泊まり 20,000 円～（税別）
アクセス：JR 北陸新幹線「飯山駅」から「野沢温泉行き」バスで約 25 分の「野沢温泉」下車徒歩約 5 分
https://sumiyosiya.co.jp/　【地図 C】

18. 四万やまぐち館（群馬県・四万温泉）
群馬県吾妻郡中之条町大字四万甲 3876-1
TEL：0279-64-2011　FAX：0279-64-2874
泉質：ナトリウム・カルシウム―塩化物・硫酸塩泉（全てかけ流し）
料金：14,190 円～、ひとり泊まり 21,750 円～
アクセス：JR 吾妻線「中之条駅」から車で約 25 分
http://www.yamaguchikan.co.jp/　【地図 C】

19. 大丸旅館（大分県・長湯温泉）
大分県竹田市直入町大字長湯 7992-1
TEL：0974-75-2002　FAX：0974-75-2002
泉質：マグネシウム・ナトリウム・カルシウム―炭酸水素塩泉（全て源泉かけ流し）
料金：14,406 円～、ひとり泊まり（要相談）
アクセス：JR 豊肥線「大分駅」から「竹田市コミュニティバス」に乗り約 1 時間 50 分の「長湯車庫」下車徒歩約 10 分
http://www.daimaruhello-net.co.jp/　【地図 E】

料金：11,000円〜（税別）、ひとり泊まり14,000円〜（税別）
アクセス：JR身延線「下部温泉駅」から「奈良田温泉行き」バスで終点まで
http://www.nukuyu.com/shiranekan/　【地図C】

13. 箱根の名湯　松坂屋本店（神奈川県・箱根芦之湯温泉）

神奈川県足柄下郡箱根町芦之湯57
TEL：0460-83-6511
泉質：含硫黄―カルシウム・ナトリウム・マグネシウム―硫酸塩・炭酸水素塩泉（全て源泉かけ流し）
料金：21,600円〜、ひとり泊まり32,400円〜
アクセス：箱根登山鉄道「箱根湯本駅」から、路線記号Hの表示がある「箱根町港行き」または「元箱根港行き」箱根登山バスにて約25分、「東芦の湯」下車徒歩約3分
http://www.matsuzakaya1662.com/　【地図C】

14. 妙見石原荘（鹿児島県・妙見温泉）

鹿児島県霧島市隼人町嘉例川4376
TEL：0995-77-2111　FAX：0995-77-2842
泉質：ナトリウム・カルシウム・マグネシウム―炭酸水素塩泉（全て源泉かけ流し）
料金：23,910円〜、ひとり泊まり35,790円〜
アクセス：鹿児島空港またはJR日豊本線「隼人駅」から車で約20分
https://www.m-ishiharaso.com/　【地図E】

15. 山芳園（静岡県・桜田温泉）

静岡県賀茂郡松崎町桜田569-1
TEL：0558-42-2561　FAX：0558-42-3338
泉質：ナトリウム・カルシウム―硫酸塩泉（全て源泉かけ流し）
料金：18,000円〜（税別）、ひとり泊まり24,000円〜（税別）
アクセス：「伊豆急下田駅」からバスで約45分の「桜田」下車徒歩約3分
http://www.sanpouen.co.jp/　【地図C】

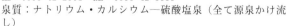

料金：25,920 円～、ひとり泊まり 40,500 円～
アクセス：長崎自動車道「嬉野 I.C.」から車で約 3 分
https://www.kazenomori.biz/ 【地図 E】

9. オーベルジュ内子（愛媛県・大登温泉）
愛媛県喜多郡内子町五十崎乙 485-2
TEL：0893-44-6565　FAX：0893-44-6532
泉質：低張性アルカリ性冷鉱泉（露天風呂は源泉の循環利用、内湯は循環利用、客室はお湯）
料金：30,240 円～
アクセス：JR 予讃線「内子駅」から車で約 5 分
http://www.orienthotel.jp/uchiko/ 【地図 E】

10. 湯元　宝の家（奈良県・吉野山温泉）　閉業
奈良県吉野郡吉野町吉野山中千本公園
TEL：0746-32-5121　FAX：0746-32-5630
泉質：含二酸化炭素―カルシウム・ナトリウム―炭酸水素塩泉（露天風呂と内湯は循環利用、露天のみ温泉）
料金：16,000 円～（税別）、ひとり泊まり 19,000 円～（税別）
アクセス：近鉄吉野線「吉野駅」から車で約 10 分
http://www.hounoya.gr.jp/ 【地図 D】

【第 2 章】　美肌の湯に浸る宿 10 軒

11. 小梨の湯　笹屋（長野県・白骨温泉）
長野県松本市安曇 4182-1
TEL：0263-93-2132　FAX：0263-93-2131
泉質：含硫黄―カルシウム・マグネシウム―炭酸水素塩泉（全て源泉かけ流し）
料金：18,360 円～（入湯税別）、ひとり泊まり 18,360 円～（入湯税別）
アクセス：松本電鉄「新島々駅」から車で約 40 分
http://konashinoyu.com/ 【地図 C】

12. 白根館（山梨県・奈良田温泉）　日帰り温泉のみ
山梨県南巨摩郡早川町奈良田 344
TEL：0556-48-2711　FAX：0556-48-2770
泉質：含硫黄―ナトリウム―塩化物泉（全て源泉かけ流し）

別室3室のみかけ流し、その他の部屋はお湯。大浴場・露天風呂は放流一部循環濾過利用）
料金：22,680円～、ひとり泊まり30,240円～
アクセス：JR東海道新幹線「熱海駅」から送迎バスで約7分
https://www.atami-sagamiya.com/ 【地図C】

5. 石山離宮　五足のくつ（熊本県・天草下田温泉）
熊本県天草市天草町下田北2237
TEL：0969-45-3633　FAX：0969-45-3655
泉質：ナトリウム―炭酸水素塩泉（露天風呂は源泉かけ流し、内風呂はお湯）
料金：27,150円～、ひとり泊まり43,350円～
アクセス：天草空港より送迎あり
https://rikyu5.jp 【地図E】

6. 栗駒山荘（秋田県・須川温泉）
秋田県雄勝郡東成瀬村椿川字仁郷山国有林
TEL：0182-47-5111　FAX：0182-47-5300
泉質：酸性・含鉄（Ⅱ）・含硫黄―ナトリウム・カルシウム―塩化物・硫酸塩泉（全て源泉かけ流し）
料金：15,270円～、ひとり泊まり13,110円～（部屋はシングル）
アクセス：JR東北新幹線「一関駅」から車で約80分
http://www.kurikomasanso.com/ 【地図B】

7. 南三陸ホテル観洋（宮城県・南三陸温泉）
宮城県本吉郡南三陸町黒崎99-17
TEL：0226-46-2442　FAX：0226-46-6200
泉質：ナトリウム・カルシウム―塩化物泉（露天風呂は循環利用、内風呂はお湯）
料金：12,960円～
アクセス：仙台駅から無料シャトルバスあり
https://www.mkanyo.jp/ 【地図B】

8. 風の森（佐賀県・奥武雄温泉）
佐賀県武雄市西川登町小田志17275
TEL：0954-20-6060　FAX：0954-28-2588
泉質：ナトリウム―炭酸水素塩泉（内風呂は源泉かけ流し、露天風呂は循環利用）

感動の温泉宿リスト

【第1章】 絶景に出会える宿10軒

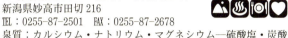

1. 赤倉観光ホテル（新潟県・妙高赤倉温泉）
新潟県妙高市田切216
TEL：0255-87-2501　FAX：0255-87-2678
泉質：カルシウム・ナトリウム・マグネシウム―硫酸塩・炭酸水素塩泉（全て源泉かけ流し。季節によっては加水・加温によるかけ流し）
料金：26,070円～、ひとり泊まり29,310円～
アクセス：しなの鉄道・えちごトキめき鉄道「妙高高原駅」から無料送迎シャトルバスあり
http://www.akr-hotel.com/　【地図B】

2. ランプの宿　高峰温泉（長野県・高峰温泉）
長野県小諸市高峰高原
TEL：0267-25-2000　FAX：0267-22-5331
泉質：含硫黄―カルシウム・ナトリウム・マグネシウム―炭酸水素塩泉（全て源泉かけ流し）
料金：16,350円～、ひとり泊まり17,430円～
アクセス：JR北陸新幹線「佐久平駅」または、しなの鉄道「小諸駅」からJRバス「高峰高原行き」で「高峰温泉」下車。雪の季節には宿の迎えあり
http://www.takamine.co.jp　【地図C】

3. 黄金崎不老ふ死温泉（青森県・黄金崎温泉）
青森県西津軽郡深浦町大字艫作字下清滝15
TEL：0173-74-3500　FAX：0173-74-3540
泉質：含鉄―ナトリウム・マグネシウム―塩化物強塩泉（全てかけ流し）
料金：12,570円～、ひとり泊まり10,410円～
アクセス：JR東北新幹線「新青森駅」から「リゾートしらかみ」に乗り換え、「ウェスパ椿山駅」下車、送迎バスあり
http://www.furofushi.com/　【地図B】

4. ホテルニューさがみや（静岡県・熱海伊豆山温泉）
静岡県熱海市伊豆山601
TEL：0120-803-532、0557-80-3531
泉質：ナトリウム・カルシウム―塩化物・硫酸塩泉（客室は特

感動の温泉宿リスト

※宿泊料金は、すべて各宿から回答があった「2名1泊2食」の場合の1人分の最低料金（諸税込み）。「ひとり泊まり」が可能な宿については、「1泊2食」での最低料金（諸税込み）を記した。税別の場合は、その旨を記した。
※料金は2018年8月末のもので、変動する場合がある。なお、多くの宿においては季節（ハイシーズンなど）によって変動し、プランによっては異なる料金となる場合もある。詳細は各宿に要問い合わせ。
※アクセス方法は至近の駅などからの一例をあげたもの。その他の方法は宿に尋ねるか、ホームページを参照。
※宿による送迎は、ほとんどの場合は予約制となっているため要問い合わせ。
※泉質は、温泉水1kg中に含まれる溶存物質量によって以下の10種類に分類される。単純温泉・塩化物泉・炭酸水素塩泉・硫酸塩泉・二酸化炭素泉・含鉄泉・酸性泉・含よう素泉・硫黄泉・放射能泉。適応症などの詳細については環境省のウェブサイト「温泉の保護と利用」を参照。https://www.env.go.jp/nature/onsen/
※泉質に続くカッコ内の表記は、「かけ流し利用」と、「循環利用」に大きく分かれる。そして、「かけ流し利用」は次の2つに分かれる。加温はあっても加水することなく源泉を利用し、浴槽に給湯された湯は再利用せずに放流している「源泉かけ流し」と、適温にするために加水し、給湯された湯は再利用せずに放流している「かけ流し」の2種類。「循環利用」は、湯量や浴槽の温度を適温に保つために、一度浴槽に給湯された湯を循環しながら利用しているもの。浴槽によって違いがある場合には、その旨を記載した。

※ 凡例
宿名の右横に付したアイコンは、著者がセレクトしたその宿の特におすすめするポイントを示す。

=絶景が楽しめる =お湯が素晴らしい =湯めぐりができる
=食事が素晴らしい =特別な日に

石井宏子（いしい　ひろこ）

温泉ビューティ研究家・旅行作家。年200日、国内外を旅して温泉や大自然について執筆し、多数の連載コラムを持つ。温泉・自然環境・食を通じて美しくなるビューティツーリズムを研究。海外ブランドのマーケティング・広報の経験もふまえて温泉地の活性や研修をサポート。日本温泉気候物理医学会会員、日本温泉科学会会員、日本旅のペンクラブ会員、温泉入浴指導員、気候療法士（ドイツ）。著書に、「じぶん再生　うまれかわり温泉」シリーズ（ブックリスタ）、『地球のチカラをチャージ！　海温泉　山温泉　花温泉76』（マガジンハウス）、『癒されてきれいになる　おひとりさま温泉』（朝日新聞出版）ほか。https://www.onsenbeauty.com/

文春新書

1189

感動《かんどう》の温泉宿《おんせんやど》100

2018年10月20日　第1刷発行
2025年5月30日　第3刷発行

著　者　石井宏子
発行者　大松芳男
発行所　株式会社　文藝春秋

〒102-8008　東京都千代田区紀尾井町3-23
電話（03）3265-1211（代表）

印刷所　理想社
付物印刷　大日本印刷
製本所　加藤製本

定価はカバーに表示してあります。
万一、落丁・乱丁の場合は小社製作部宛お送り下さい。
送料小社負担でお取替え致します。

ISBN978-4-16-661189-8

文春新書のロングセラー

磯田道史
磯田道史と日本史を語ろう
日本史を語らせたら当代一！ 磯田道史が、半藤一利、阿川佐和子、養老孟司ほか、各界の「達人」を招き、歴史のウラオモテを縦横に語り尽くす
1438

エマニュエル・トッド 大野 舞訳
第三次世界大戦はもう始まっている
ウクライナを武装化してロシアと戦う米国によって、この危機は「世界大戦化」している。各国の思惑と誤算から戦争の帰趨を考える
1367

阿川佐和子
話す力
心をつかむ44のヒント
初対面の時の会話は？ どう場を和ませる？ 話題を変えるには？ 週刊文春で30年対談連載するアガワが伝授する「話す力」の極意
1435

牧田善二
認知症にならない100まで生きる食事術
認知症になるには20年を要する。つまり、30歳を過ぎたら食事に注意する必要がある。認知症を防ぐ日々の食事のノウハウを詳細に伝授する！
1418

橘 玲
テクノ・リバタリアン
世界を変える唯一の思想
とてつもない富を持つ、とてつもなく賢い人々が蝟集するシリコンバレー。「究極の自由」を求める彼らは世界秩序をどう変えるのか？
1446

文藝春秋刊